UNA GUÍA

el don
de sanidad

Ron Phillips

CASA
CREACIÓN

La mayoría de los productos de Casa Creación están disponibles a un precio con descuento en cantidades de mayoreo para promociones de ventas, ofertas especiales, levantar fondos y atender necesidades educativas. Para más información, escriba a Casa Creación, 600 Rinehart Road, Lake Mary, Florida, 32746; o llame al teléfono (407) 333-7117 en Estados Unidos.

Una guía esencial para el don de sanidad por Ron Phillips
Publicado por Casa Creación
Una compañía de Charisma Media
600 Rinehart Road
Lake Mary, Florida 32746
www.casacreacion.com

A menos que se exprese lo contrario, todas las citas de la Escritura están tomadas de la Santa Biblia Reina Valera Revisión 1960 ©Sociedades Bíblicas Unidas, 1960. Usada con permiso.

Otra versión usada es la Santa Biblia, Nueva Versión Internacional ©1999 por la Sociedad Bíblica Internacional, indicada (NVI). Usada con permiso.

El texto bíblico indicado con (NTV) ha sido tomado de la Santa Biblia, Nueva Traducción Viviente, © Tyndale House Foundation, 2010. Usado con permiso de Tyndale House Publishers, Inc., 351 Executive Dr., Carol Stream, IL 60188, Estados Unidos de América. Todos los derechos reservados.

La cita indicada "Biblia Peshita" corresponde a la Biblia Peshita © 2008 Broadman & Holman. Usada con permiso.

La grafía y significado de los términos griegos corresponden a la
Nueva concordancia exhaustiva de la Biblia de Strong, de James
Strong, Editorial Caribe, 2003. Usada con permiso; y al

Novum Testamentum Graece. Nestle-Aland 27–Interlineal Griego-
Español del Texto Maestro de Nestle-Aland 27 - Galeed 2009–
módulo del software e-Sword - La espada electrónica ©2000-2009
RickMeyers, versión 8.0.6.con recursos en español provistos por
http://eswordbibliotecahispana.blogspot.com/2009_06_01_
archive.html. Usado con permiso.

Traducido por: María Mercedes Pérez y María Bettina López.
Editado por María del C. Fabbri Rojas
Director de arte: Bill Johnson

Originally published in the U.S.A. under the title: *An Essential
Guide to the Gift of Healing* published by Charisma House, a
Charisma Media Company, Lake Mary, FL 32746 USA
Copyright© 2012 Ron Phillips
All rights reserved.

Visite la página web del autor: www.ronphillips.org

Library of Congress Control Number: 2011944412

ISBN: 978-1-61638-533-0
E-book: 978-1-61638-771-6

Nota de la editorial: Aunque el autor hizo todo lo posible por
proveer teléfonos y páginas de Internet correctas al momento
de la publicación de este libro, ni la editorial ni el autor
se responsabilizan por errores o cambios que puedan surgir luego
de haberse publicado.

Impreso en los Estados Unidos de América

12 13 14 15 16 * 6 5 4 3 2 1

CONTENIDO

CAPÍTULO 1

La sanidad y la vida abundante

El ladrón no viene sino para hurtar y matar y destruir; yo he venido para que tengan vida, y para que la tengan en abundancia.

—Juan 10:10

Nuestro Señor Jesucristo vino para que los creyentes pudiéramos vivir lo que Él llamó una "vida abundante". La palabra "abundante" se traduce de un vocablo del original griego que significa "una vida que no carece de nada y que va más allá de lo común".

El mismo versículo indica que el objetivo determinado por Satanás es matar, robar y destruir. Esas tres palabras pintan un cuadro de la causa de las enfermedades y las dolencias de nuestro mundo. La palabra *robar* viene del griego *klepsee* de donde surge nuestro vocablo *cleptómano*. La obsesión de Satanás es robar todo lo que necesitamos en nuestras vidas, especialmente la salud.

La palabra *matar* no es el término usual para matar. Es la palabra *dsúo* que significa "soplar un fuego o avivar el humo de un sacrificio". Llegó a significar "matar salvajemente" o "inmolar con el propósito de un sacrificio". Su implicancia es que Satanás hará que las enfermedades se dispersen como fuego para que su vida pueda ser un sacrificio para los propósitos malignos de Satanás.

La tercer palabra es *destruir*, que se traduce del término *apólumi* el cual significa "quebrar y destruir". Esto es lo que la enfermedad ocasiona al cuerpo humano. Es interesante que estos tres verbos estén en el "tiempo aoristo", que quiere decir "de una vez por todas". El deseo implacable de Satanás es quebrar la salud de las personas, destruir su propósito y finalmente matarlas.

Jesús vino y murió para que pudiéramos vivir una vida que es abundante, que va más allá de lo común. En 3 Juan 2, el gran apóstol Juan escribe:

> Amado, yo deseo que tú seas prosperado en todas las cosas, y que tengas salud, así como prospera tu alma.

Aquí Juan bendice a sus lectores al transmitir el propósito de la gracia de Dios para todos los creyentes,

La palabra *salud* viene del vocablo *jugiaíno* del cual se deriva nuestro término *higiene*. Significa "estar saludable, bien, sano, sin la corrupción de la enfermedad". Este pequeño versículo constituirá la base de todo este estudio. Hay varias claves para comprender la sanidad en la Escritura que se hallan escondidas en este versículo.

Primero, la palabra traducida *deseo* es el vocablo *eújomai*, que significa "desearle bien a alguien". Esto implica la oración, pero indica que aquellos por quienes se realiza esta oración tienen alguna elección en el asunto. Nuestras oraciones y deseos de que otros sean sanados también requieren elecciones correctas de parte de aquellos por quienes oramos.

Segundo, la palabra *prosperar* viene de dos vocablos griegos *eu* y *odóo*, que juntos significan "buen viaje". Llegan a significar éxito en las elecciones correctas del viaje. Esto incluye la prosperidad material y la salud física. Nuevamente la sanidad requiere la creencia correcta y las elecciones correctas del estilo de vida.

Esto indica que ya hay instintos sanadores en el cuerpo que funcionan cuando elegimos lo correcto. Estas elecciones pueden incluir la fe, la oración, y también tratamiento médico. Si sufro un corte grave, puedo elegir tener un médico que la suture, pero mi cuerpo debe sanar la herida.

Hace varios años, se me desprendió la retina del ojo derecho, y quedé ciego de ese ojo. Cuando esto ocurrió, oré por sanidad; además fui *inmediatamente* a un especialista de retina ¡para que la sujetara en su lugar! Después de hacerlo, una burbuja de gas la mantuvo en su lugar por noventa días. Le pregunté al médico, al día siguiente de la cirugía, si había funcionado. Respondió: "Pregúntele a su jefe", ¡hablando de Dios! Él la había vuelto a unir pero solo Dios podría completar la sanidad.

Además, Juan agrega "como prospera tu alma". La palabra *alma* proviene del término griego *psujé*. Esta palabra suele traducirse también como "mente". Esto nos ayuda a entender que nuestra salud y sanidad fluyen del pensar correctamente y de elegir correctamente. Es importante orar pero también elegir vivir saludablemente.

El objetivo de este libro es edificar la fe para que usted pueda apreciar el don de Dios de la sanidad comprada por la sangre de Cristo, cualquiera sea la forma que esa sanidad pueda tener.

Un segundo objetivo es celebrar la preciosura de la vida que nos es dada por Dios. Hay un misterio que rodea a los que son desafiados en su cuerpo por heridas o enfermedades que, pese a todo lo que hacemos, permanecen en condición. Sin embargo, estos son algunos de los cristianos más fieles y productivos.

Por todo lo que entendemos acerca de la sanidad física, sabemos que es provisional. Vivimos un cuerpo que es el último rastro de la caída de Adán. Pablo llama a nuestro cuerpo "...cuerpo de muerte" (Romanos 7:24). Toda sanidad terrenal es temporal, y la sanidad final para todos nosotros tendrá lugar en la resurrección.

Recuerdo una escena de la clásica película *El manto sagrado*. Marcellus, el principal centurión presente en la crucifixión de Jesús (que ganó el manto del título al echar suertes, y quien, por cierto, ha estado atormentado por pesadillas y con culpa desde entonces), está rastreando a los cristianos para crear una lista de seguidores cuando se encuentra con una mujer lisiada llamada Miriam. Esta hermosa mujer es la imagen de la paz, el gozo y la esperanza. Marcellus la ridiculiza señalando que aunque ella declara que Cristo podía hacer milagros Él la había dejado tal como la encontró. Ella le explica que Jesús podría haber sanado su cuerpo y entonces "sería natural para mí reír y cantar; y entonces llegué a entender que Él había hecho por mí algo mejor… Me dejó como soy para que todos los otros semejantes a mí pudieran saber que su desgracia no les privará de la felicidad en su Reino".[1]

La gozosa verdad, sin embargo, es que la sanidad física es posible en esta vida. Con eso en mente, es mi deseo explorar toda forma posible de activar la sanidad en nuestras vidas. Este libro estudiará cada vía que conduce a la sanidad y a la salud. Al proseguir este estudio, lo hago humildemente, como quien todavía busca conocer la mente y la voluntad de nuestro Señor Jesucristo.

> Hay sanidad en la fuente,
> Ven y encuéntrala, alma fatigada
> Allí todos tus pecados son cubiertos
> Jesús te espera para sanarte.
> Hay sanidad en la fuente,
> Mira a Jesús y vive,
> Deja tus cargas en la cruz;
> Él perdonará tus andanzas.
>
> Hay sanidad en la fuente,
> Preciosa fuente de la sangre;
> Ven, oh ven, el Salvador te llama,
> Ven, sumérgete en su torrente.

¡Oh la fuente!
¡Bendita fuente sanadora!
Me alegro en su libre fluir;
¡Oh la fuente!
¡Preciosa fuente que me limpia!
Gloria a Dios, me ha limpiado.[2]

CAPÍTULO 2
La sanidad y el misterio de la enfermedad

CUALQUIER DEBATE SOBRE la sanidad debe comenzar con la pregunta fundamental: "¿Cuál es el origen de la enfermedad?" Cuando de sanidad se trata, también debemos considerar la cuestión del sufrimiento, la causa de las heridas por accidentes, y las enfermedades y heridas debido a los crímenes, la crueldad y la guerra. Desde una perspectiva bíblica, es evidente que todo el mal y sus consecuencias son el resultado de la caída del hombre en Adán.

El hombre (hombre y mujer) provienen de la mano y del aliento de Dios para la gloria de Dios. Lea lo que fue revelado en Isaías 43:7:

> Todos los llamados de mi nombre; para gloria mía los he creado, los formé y los hice.

Este concepto está un poco más elaborado por el apóstol Pablo en Efesios 1:11-12:

> En él asimismo tuvimos herencia, habiendo sido predestinados conforme al propósito del que hace todas las cosas según el designio de su voluntad, a fin de

que seamos para alabanza de su gloria, nosotros los
que primeramente esperábamos en Cristo.

El Catecismo Breve de Westminster es una lista de
preguntas usada para enseñar a los niños en la fe y guiarlos
hacia la madurez en Cristo. La primera pregunta de este
Catecismo es: "¿Cuál es el fin principal del hombre?"[1] La
respuesta es una verdad gloriosa: "¡Glorificar a Dios y disfrutar de Él para siempre!" El propósito de la vida del
hombre es conocer a Dios por medio de Cristo y tener
gozo en esa relación. En Marcos 12:30, Jesús enseñó que
el mayor mandamiento es que amemos a Dios con toda
nuestra capacidad:

> Y amarás al Señor tu Dios con todo tu corazón, y
> con toda tu alma, y con toda tu mente y con todas
> tus fuerzas. Este es el principal mandamiento.

La humanidad fue creada a imagen de Dios. Por esa
imagen el hombre difiere de los animales. La humanidad fue
dotada con una mente para pensar, un corazón para amar,
y una voluntad para elegir. Dios permitió que la voluntad
del hombre fuera probada por el árbol de "la ciencia del
bien y del mal". Fue la elección equivocada del hombre la
que arrojó a nuestra raza a la miseria de la enfermedad, las
lesiones y la muerte.

Cuando Adán pecó comenzó a morir. Él murió *inmediatamente* en su espíritu. Fue desconectado de la comunión con
Dios. No se confunda; esa es la peor muerte. Progresivamente

murió en su alma (mente, pensamiento). Vemos la evidencia de esto en los niños. Sí, los terribles de dos años son, bueno, terribles, pero los niños rara vez son capaces de la clase de mal que se encuentra manifestada en los adultos. Y Adán finalmente murió, como todos, en su cuerpo.

¡La salvación revierte esa maldición! Cuando uno recibe a Cristo, su espíritu viene a la vida, su mente puede ser renovada, y finalmente su cuerpo será resucitado de los muertos. ¡Ese nuevo cuerpo será libre de pecado, de enfermedad y de muerte!

Entre los últimos vestigios de Adán en la tierra se halla el cuerpo humano. Este cuerpo envejece, y está sujeto a la enfermedad, a las lesiones, e incluso a la muerte. Este cuerpo lleva las limitaciones de la maldición de la tierra; Romanos 8:29 dice que somos "hechos conformes a la imagen de su Hijo". Debido a que la imagen de Dios se está formando, la humanidad puede comenzar el proceso de ser semejante a Jesús ¡y la sanidad puede venir a nosotros!

La enfermedad y la ira de Dios

La enfermedad, las lesiones y la muerte son, por tanto, la obra de Satanás desatada sobre toda la humanidad y sobre la tierra por la equivocada elección de Adán y sus consecuencias eternas. Es evidente que la enfermedad en la Escritura se ve como un juicio de Dios. Sin embargo, sabiendo eso, permítame aclarar rápidamente que la enfermedad, como la lluvia, cae sobre justos e injustos. La enfermedad es un juicio temporal traído a la tierra por Satanás a través de las elecciones erróneas de la humanidad.

Hoy en día muchos descartan el concepto de que la enfermedad o las dolencias sean un castigo de Dios. "¿Cómo usted puede llamar al cáncer un juicio de Dios cuando niños inocentes lo tienen?", se podría preguntar. Aunque esta pregunta es legítima, su propósito está equivocado. La sencilla verdad es que la Biblia es clara en este asunto; Éxodo 15:26 enseña claramente que la enfermedad frecuentemente viene de un juicio de Dios:

> Si oyeres atentamente la voz de Jehová tu Dios, e hicieres lo recto delante de sus ojos, y dieres oído a sus mandamientos, y guardares todos sus estatutos, ninguna enfermedad de las que envié a los egipcios te enviaré a ti; porque yo soy Jehová tu sanador.

Dios afirma claramente que su pueblo obediente no tendría que afrontar las enfermedades que Él envió sobre un Egipto rebelde.

Algunas causas de enfermedad temporal (y cómo mantenerse bien)

Para que nadie piense que esto se va a volver un "libro de dieta y bienestar", vayamos a los Proverbios para adquirir sabiduría a fin de mantenernos bien y evitar la enfermedad.

Vivir mal puede causar enfermedad

> Serás librado de la mujer extraña, de la ajena que halaga con sus palabras, la cual abandona al compañero de su juventud, y se olvida del pacto de su Dios. Por lo cual su casa está inclinada a la muerte, y sus veredas hacia los muertos; todos los que a ella se lleguen, no volverán, ni seguirán otra vez los senderos de la vida.

Es una simple realidad que dos personas que practican la castidad antes de casarse y la fidelidad durante el matrimonio tiene cero posibilidades de contraer muchas de las enfermedades de transmisión sexual que proliferan en nuestro mundo actual. A la inversa, una persona necia practicará la promiscuidad sexual. Permítame ser claro: ¡no existe cosa tal como sexo seguro fuera de los límites de la cama matrimonial de dos cónyuges fieles! El SIDA hoy en día está matando poblaciones enteras. Obviamente, la respuesta es el plan de Dios de un hombre y una mujer para toda la vida. Observe los lamentables resultados de la enfermedad transmitida sexualmente.

> Porque los labios de la mujer extraña destilan miel, y su paladar es más blando que el aceite; mas su fin es amargo como el ajenjo, agudo como espada de dos filos.
>
> —Proverbios 5:3-4

11

> Y gimas al final, cuando se consuma tu carne y tu
> cuerpo, y digas: ¡Cómo aborrecí el consejo, y mi
> corazón menospreció la reprensión.
>
> —Proverbios 5:11-12

En los versículos 3 y 4, vemos que se encuentra placer en la inmoralidad. No se confunda con que la metáfora de la inmoralidad sea una mujer; esta es una verdad de género neutro; ni con que el placer es inmediato y muy real, pues hay una consecuencia que también es final e innegable. Aunque la inmoralidad da placer en su momento, el resultado final es amargura y división en su espíritu.

Vivir una vida obediente

Dios es un Dios guardador de promesas, y si queremos ganar los beneficios de las bendiciones que Él tiene reservadas para nosotros, debemos escudriñar su Palabra para saber cuáles son esas promesas. Dios promete larga vida a quienes vivan bajo sus instrucciones divinas.

> Hijo mío, no te olvides de mi ley, y tu corazón guarde
> mis mandamientos; porque largura de días y años de
> vida y paz te aumentarán.
>
> —Proverbios 3:1-2

Creo que la única razón por la que no aceptamos esta enseñanza es porque nos parece demasiado sencilla; demasiado antitética para nuestra actual manera de entender la ciencia y la medicina. Pero si creemos que las promesas de

Dios son verdaderas, debemos aceptar que enfocarnos en la Palabra de Dios, en su ley, y en sus mandamientos, no solo alargará nuestras vidas sino que también añadirá paz a nuestros días.

Vivir confiando en la voluntad de Dios

> Fíate de Jehová de todo tu corazón, y no te apoyes en tu propia prudencia. Reconócelo en todos tus caminos, y él enderezará tus veredas. No seas sabio en tu propia opinión; teme a Jehová, y apártate del mal; porque será medicina a tu cuerpo, y refrigerio para tus huesos.
>
> —Proverbios 3:5-8

"No seas sabio en tu propia opinión" es una directiva de Dios realmente importante. ¿Cuán a menudo hemos sostenido que una idea es verdadera porque nos parecía un "camino…derecho; pero su fin [era] camino de muerte"? (Proverbios 14:12). No podemos confiar en lo que a nosotros nos parece correcto, sino que debemos comparar cada idea con la Escritura. Aquí tenemos una promesa directa de Dios de estar sanos cuando andamos conforme a su plan para nuestras vidas. Él nos llama a una vida de confianza.

Aprender a recibir corrección de Dios

Hay una gran bendición en tener la capacidad de ajustar su estilo de vida según las correcciones de Dios.

> No menosprecies, hijo mío, el castigo de Jehová, ni te
> fatigues de su corrección; porque Jehová al que ama
> castiga, como el padre al hijo a quien quiere.
> —Proverbios 3:11-12

La Biblia enseña que el padre que ama a sus hijos los disciplinará. Debemos comprender esto respecto de nuestro Padre celestial. Cuando nos envolvemos en actividades que moldean nuestro estilo de vida de maneras contrarias a lo que es aceptable a los ojos de Dios, habrá—*debe* haber— consecuencias. Eso no quiere decir que Dios esté enojado con nosotros, o que nos odie, o ni siquiera que de alguna manera nos ame menos; solo significa que estamos viviendo la consecuencia de nuestra elección y experimentando la disciplina que se halla en las manos de un Padre amoroso que solo desea que seamos bendecidos.

Aprender la importancia de vivir sabiamente

La sabiduría bíblica es la manera práctica de vivir que Dios diseñó para todos nosotros. La sabiduría toma el conocimiento y el entendimiento y lo hace sencillo para que podamos actuar según su revelación.

Bienaventurado el hombre que halla la sabiduría, y que obtiene la inteligencia; porque su ganancia es mejor que la ganancia de la plata, y sus frutos más que el oro fino. Más preciosa es que las piedras preciosas; y todo lo que puedes desear, no se puede comparar a ella. Largura de días está en su mano derecha; en su izquierda, riquezas y honra. Sus caminos son caminos deleitosos, y todas sus veredas paz. Ella es árbol de vida a los que de ella echan mano, y bienaventurados son los que la retienen

—PROVERBIOS 3:13-18

Esta es la promesa de una larga vida, y la verdad es que nuestra salud con frecuencia es el resultado de nuestras propias elecciones de vida.

Algunas preguntas

Existen quienes nacen con trastornos genéticos, desafíos físicos y enfermedades mortales. También están quienes son víctimas de los crímenes de otros. Están los que quedan atrapados en tiempos y lugares de guerra. Dios tratará con misericordia a quienes se encuentran con tales retos.

Aunque encontremos difícil captar por qué algunos no experimentan la sanidad completa en esta vida, debemos confesar que la enfermedad y el mal no son parte de la perfecta voluntad de Dios. Por causa de la caída de Adán, y la libertad del hombre para elegir, afrontamos la presencia de las enfermedades, las dolencias y las lesiones.

La voluntad de Dios

He oído a personas que afrontaban enfermedad y muerte decir: "Bueno, que se haga la voluntad de Dios". Esta es una cita incompleta del Padrenuestro que dice: "Hágase tu voluntad, como en el cielo, así también en la tierra" (Mateo

6:10). Siempre se hace la perfecta voluntad de Dios en el cielo, pero debe transferirse a la tierra por la oración y por otros medios espirituales. En realidad, el bautismo con el Espíritu Santo y su obra subsecuente es nada menos que una recompensa bajada del mundo futuro. (Vea mi libro *Una guía esencial para el bautismo en el Espíritu Santo*). Lea lo que Pablo le escribió a la iglesia de Éfeso:

> El Espíritu es la garantía que tenemos de parte de Dios de que nos dará la herencia que nos prometió y de que nos ha comprado para que seamos su pueblo. Dios hizo todo esto para que nosotros le diéramos gloria y alabanza.
>
> —Efesios 1:14 (NTV)

Dicho de otra manera, el mal ha resultado en enfermedad, lesiones y muerte en la tierra. Nuestros cuerpos son remanentes de la caída de Adán y están bajo la maldición del envejecimiento y de la muerte. El Espíritu Santo puede traer sanidad y renovar nuestro cuerpo desde el ámbito espiritual cuando se obedecen los principios bíblicos.

Por lo tanto, la perfecta voluntad de Dios es que los humanos vivamos con salud. En los próximos capítulos exploraremos la sanidad en el Antiguo Testamento, en la vida de Cristo, en la Iglesia actual, y en los últimos días.

Para cerrar este capítulo, examinemos la declaración de Dios—y algunas reflexiones escriturales—a los israelitas deambulantes.

Mas a Jehová vuestro Dios serviréis, y él bendecirá tu pan y tus aguas; y yo quitaré toda enfermedad de en medio de ti.

—Éxodo 23:25

Bendice, alma mía, a Jehová, y bendiga todo mi ser su santo nombre. Bendice, alma mía, a Jehová, y no olvides ninguno de sus beneficios. El es quien perdona todas tus iniquidades, el que sana todas tus dolencias.

—Salmo 103:1-3

Mas él herido fue por nuestras rebeliones, molido por nuestros pecados; el castigo de nuestra paz fue sobre él, y por su llaga fuimos nosotros curados.

—Isaías 53:5

Todos estos versículos quieren indicar que el pacto de Dios incluye sanidad para todo.

Jesús, mantenme cerca de la cruz,
Allí una preciosa fuente
brinda a todos una corriente sanadora
que fluye del monte Calvario.[2]

CAPÍTULO 3
La sanidad en el Antiguo Testamento

EGIPTO ESCLAVIZÓ AL pueblo de Dios por cuatrocientos años. Dios extendió su mano poderosa para rescatar a su pueblo y liberarlo para una vida mejor. El pueblo estuvo de pie en la orilla oriental del Mar Rojo y vio la destrucción del ejército del Faraón. Esta fue la parte final del juicio después de las plagas y las enfermedades que habían asolado a Egipto culminando con la muerte de los primogénitos (hijos varones). Los israelitas habían sido protegidos por la sangre de un cordero puesta en el dintel. Ya fuera de Egipto, era la voluntad de Dios que Egipto fuera sacado de *ellos*.

Éxodo 15 registra su viaje a la península Arábiga donde fueron probados en las aguas de Mara. *Mara* significa "amargo", y sus aguas no eran potables. Milagrosamente el agua fue potabilizada cuando Moisés arrojó un árbol en ella. Este es un hermoso cuadro de cómo el madero del Calvario endulza para nosotros el agua amarga de la vida. Dios les estaba enseñando fe y fidelidad con este suceso.

El pacto de sanidad

Como resultado de sanar el agua, Dios estableció con ellos un pacto de sanidad y salud.

> Y Moisés clamó a Jehová, y Jehová le mostró un árbol; y lo echó en las aguas, y las aguas se endulzaron. Allí les dio estatutos y ordenanzas, y allí los probó; y dijo: Si oyeres atentamente la voz de Jehová tu Dios, e hicieres lo recto delante de sus ojos, y dieres oído a sus mandamientos, y guardares todos sus estatutos, ninguna enfermedad de las que envié a los egipcios te enviaré a ti; porque yo soy Jehová tu sanador.
>
> —Éxodo 15:25-26

Estas son claramente las condiciones del pacto de sanidad de Dios:

1. Ser sensible a la voz del Señor.
2. Vivir sabiendo que usted es responsable ante Dios.
3. Vivir en obediencia al plan de Dios para la vida.
4. Vivir una vida acorde al tiempo señalado por Dios.

Mientras escribo esto, se acerca el Día de San Valentín, y mucha gente está enviando tarjetas y flores a sus seres queridos. Estos regalos portan declaraciones tales como: "¡Mi corazón es tuyo!" o "¡Mi corazón te pertenece!" La idea que se transmite en estos sentimientos es un sentido de fidelidad. Dicen: "No habrá nadie más para mí porque todo el amor que tengo para dar está en mi corazón, ¡y mi corazón es tuyo!" "Escuchar cuidadosamente la voz de Dios" significa ¡darle su oído a Dios! Encuentro que, frecuentemente, la razón por la cual los creyentes experimentan una vida menos que abundante es no haberle dado sus oídos completamente a Dios, sino, en cambio, escuchar la así llamada sabiduría del mundo y las mentiras de su enemigo. Cuando usted le entrega sus oídos a Dios, no puede oír el impacto negativo de Satanás, de este mundo, o de su carne, porque sus oídos *¡le pertenecen a Dios!*

Cuando usted escuche a Dios, el Espíritu Santo le enseñará todas las cosas (Juan 14:26), y al madurar en la fe, desarrollará la capacidad de hacer caso a los mandamientos de Dios. Al someterse a los mandamientos de Dios, usted aprende a guardar sus decretos y a cumplir los compromisos hechos con Él. Esto incluye los servicios de adoración, las reuniones y fiestas establecidas, y la fidelidad en el dar.

Cuando uno vive de esta manera Dios hace un pacto de sanidad con las personas. Primero, ninguna enfermedad de Egipto los afectará. Segundo, Dios hace una declaración de sanidad: "Porque yo soy Jehová tu sanador" (Éxodo 15:26).

Aquí Dios vuelve a declarar su nombre del pacto. ¡Moisés

reconoció a este como el nombre dado en la zarza ardiente! "Yo soy lo que siempre he sido y soy lo que siempre seré…" (Paráfrasis del autor). Yahvé a menudo se traduce como el gran "YO SOY". ¡Yahvé es el nombre *Rafa* o "Sanador"! Él mismo declara que es Yahvé Rafa (Jehová Rafa), "el Señor que es Sanador".

¡Este nombre combinado significa que el Señor está presente en el ahora para sanar! Su sanidad estaba disponible pero condicionada por la fe y la obediencia a sus palabras. Este pacto de sanidad nunca ha sido anulado.

La sanidad como un beneficio del Antiguo Pacto

David ratifica ese pacto de sanidad en el Salmo 103.

> Sus caminos notificó a Moisés, y a los hijos de Israel sus obras.
>
> —Salmo 103:7

El carácter y la compasión de Dios fueron revelados a Moisés. David compuso luego este canto para celebrar los beneficios y confirmar el pacto de sanidad del Señor.

> Bendice, alma mía, a Jehová, y bendiga todo mi ser su santo nombre. Bendice, alma mía, a Jehová, y no olvides ninguno de sus beneficios. El es quien perdona todas tus iniquidades, el que sana todas tus dolencias; el que rescata del hoyo tu vida, el que te corona de favores y misericordias; el que sacia de bien tu boca de modo que te rejuvenezcas como el

águila. Jehová es el que hace justicia y derecho a todos los que padecen violencia. Sus caminos notificó a Moisés, y a los hijos de Israel sus obras.

—SALMO 103:1-7

David estalla en una alabanza desbordante por toda la bondad de Dios. Se da cuenta de que el pacto de vida y salud dado a Moisés le pertenece. David establece un protocolo para disfrutar de los beneficios del pacto de Dios.

1. El alma y el pensamiento de uno deben ser justos. David reta a su propia alma y le ordena a su ser que alabe y dé gracias. La alabanza siempre manifiesta la presencia de Dios. Su presencia es esencial para recibir beneficios. Uno nunca debe olvidar la bondad de Dios sean cuáles fueren las circunstancias externas.

2. Una persona debe saber que sus pecados están perdonados. Ya que el pecado desencadenó la enfermedad en la tierra, es necesario que se reciba el perdón.

3. Dios sana todas las enfermedades. ¡Esta es una declaración sorprendente! El deseo de Dios es que su pueblo camine en completa salud.

4. Esto conduce a un rejuvenecimiento, una vida prolongada, un estilo de vida positivo.

Todo esto movió majestuosamente a David a confesar el amor de Dios.

> Mas la misericordia de Jehová es desde la eternidad y hasta la eternidad sobre los que le temen, y su justicia sobre los hijos de los hijos; sobre los que guardan su pacto, y los que se acuerdan de sus mandamientos para ponerlos por obra.
>
> —SALMO 103:17-18

El amor de Dios y su poder salvador están unidos e incluyen la sanidad para quienes son fieles a su pacto.

La promesa del pacto de sanidad

Los profetas operaron en el poder sanador de Dios. Los ministerios de Elías y Eliseo están llenos de milagros incluyendo sanidad y resurrección de muertos. Dios sanó de lepra al gentil Naamán, extendiendo su pacto a los gentiles en el Antiguo Testamento. Jesús citó esta historia en Lucas 4 y ¡casi fue asesinado por su propio pueblo!

El profeta Isaías prometió un Salvador que sana:

> Ciertamente llevó él nuestras enfermedades, y sufrió nuestros dolores; y nosotros le tuvimos por azotado, por herido de Dios y abatido. Mas él herido fue por nuestras rebeliones, molido por nuestros pecados; el castigo de nuestra paz fue sobre él, y por su llaga fuimos nosotros curados.
>
> —ISAÍAS 53:4-5

El apóstol Pedro hizo referencia a esta profecía en su primera carta.

> …quien llevó él mismo nuestros pecados en su cuerpo sobre el madero, para que nosotros, estando muertos a los pecados, vivamos a la justicia; y por cuya herida fuisteis sanados.
>
> —1 Pedro 2:24

Jeremías clamó por sanidad y medicina para su pueblo.

> ¿No hay bálsamo en Galaad? ¿No hay allí médico? ¿Por qué, pues, no hubo medicina para la hija de mi pueblo?
>
> —Jeremías 8:22

Malaquías habló de un día venidero en que el Mesías traería una sanidad aún mayor.

> Mas a vosotros los que teméis mi nombre, nacerá el Sol de justicia, y en sus alas traerá salvación; y saldréis, y saltaréis como becerros de la manada. Hollaréis a los malos, los cuales serán ceniza bajo las plantas de vuestros pies, en el día en que yo actúe, ha dicho Jehová de los ejércitos. Acordaos de la ley de Moisés mi siervo, al cual encargué en Horeb ordenanzas y leyes para todo Israel.
>
> —Malaquías 4:2-4

Como cristianos del "Nuevo Testamento", solemos pasar por alto la importancia y la relevancia de las palabras dadas en el Antiguo Testamento; ¡nos arriesgamos al hacerlo! Observe cuidadosamente otra vez que la sanidad prometida tiene sus raíces en ¡el pacto con Moisés! Dios, que no cambia, ha declarado: "Yo soy Jehová tu sanador" (Éxodo 15:26).

CAPÍTULO 4
Jesús el sanador

J ESÚS PASÓ MÁS tiempo en su ministerio de sanidad que predicando. Es importante que usted comprenda que la sanidad no fue un agregado de último momento, ni un aditamento al ministerio de Jesús. La sanidad fue fundamental en todo lo que hizo.

En la apertura de su ministerio Jesús eligió Isaías 61 como su texto. Mire el registro de Lucas de ese acontecimiento.

> El Espíritu del Señor está sobre mí, por cuanto me ha ungido para dar buenas nuevas a los pobres; me ha enviado a sanar a los quebrantados de corazón; a pregonar libertad a los cautivos, y vista a los ciegos; a poner en libertad a los oprimidos; a predicar el año agradable del Señor.
>
> —LUCAS 4:18-19

Siguió el anuncio con la predicción de su propia crucifixión y con el hiriente rechazo de su propia ciudad natal por citar dos milagros de sanidad de Elías y Eliseo para los no judíos.

> El les dijo: Sin duda me diréis este refrán: Médico, cúrate a ti mismo; de tantas cosas que hemos oído que se han hecho en Capernaum, haz también aquí

en tu tierra. Y añadió: De cierto os digo, que ningún profeta es acepto en su propia tierra. Y en verdad os digo que muchas viudas había en Israel en los días de Elías, cuando el cielo fue cerrado por tres años y seis meses, y hubo una gran hambre en toda la tierra; pero a ninguna de ellas fue enviado Elías, sino a una mujer viuda en Sarepta de Sidón. Y muchos leprosos había en Israel en tiempo del profeta Eliseo; pero ninguno de ellos fue limpiado, sino Naamán el sirio.

—Lucas 4:23-27

La recepción de la gente fue evidente. Sus sanidades proclamaban ser mesiánicas. Enfurecidos, buscaron matarlo.

Al oír estas cosas, todos en la sinagoga se llenaron de ira; y levantándose, le echaron fuera de la ciudad, y le llevaron hasta la cumbre del monte sobre el cual estaba edificada la ciudad de ellos, para despeñarle. Mas él pasó por en medio de ellos, y se fue.

—Lucas 4:28-30

Cuando Juan el Bautista fue encarcelado y estaba a punto de ser martirizado, acerca de Jesús respecto a su rol de Mesías. La respuesta de Jesús a Juan indica claramente que la sanidad era fundamental en su rol de Mesías en la tierra.

Y al oír Juan, en la cárcel, los hechos de Cristo, le envió dos de sus discípulos, para preguntarle: ¿Eres tú aquel que había de venir, o esperaremos a otro? Respondiendo Jesús, les dijo: Id, y haced saber a Juan las cosas que oís y veis. Los ciegos ven, los cojos andan, los leprosos son limpiados, los sordos oyen, los muertos son resucitados, y a los pobres es anunciado el evangelio.

—MATEO 11:2-5

La venida de Jesús a la tierra fue la irrupción del reino de los cielos en la tierra. La gran dimensión de Dios había colisionado con el mundo maldecido, enfermo y destruido conocido en la tierra. Jesús había venido para demostrar por medio del milagro de sanidad que un nuevo tiempo había llegado.

El ministerio de Jesús tenía este encabezamiento: ¡El reino de los cielos está aquí!

Después que Juan fue encarcelado, Jesús vino a Galilea predicando el evangelio del reino de Dios, diciendo: El tiempo se ha cumplido, y el reino de Dios se ha acercado; arrepentíos, y creed en el evangelio.

—MARCOS 1:14-15

La palabra *tiempo* es *kairós*. Significa "el momento cargado de promesas y oportunidad". Este momento especial incluía un rey y un reino actuales. Estas buenas noticias requerían arrepentimiento, un cambio de mente. El milagro de sanidad de Jesús desafiaba las limitaciones del mundo, la debilidad de la carne, y el dominio del diablo. Cada sanidad era un golpe para el reino de Satanás.

Hoy en día esto no es la experiencia de la iglesia promedio. En la primera parte del siglo veinte, surgió la extraña doctrina antibíblica del cesacionismo, y en su mayoría, conquistó a los cristianos evangélicos. El erudito calvinista Benjamín Breckinridge Warfield declaró que "la era de los milagros terminó".[1]. Esto se popularizó en la Biblia de Referencia Scofield original y fue defendido en nuestra generación presente por John Mac Arthur.

El cristianismo occidental se está secando en anemia y letargo espirituales. Las buenas noticias que trajo Jesús desataron el poder sobrenatural que salvó al creyente y lo liberó del reino de la oscuridad. La salvación era nada menos que un nuevo nacimiento por el Espíritu de lo alto.

Esta doctrina ha masacrado la fe y dejado a muchos sin esperanza. Esta mentira niega lo que la Escritura enseña acerca de un Dios que no cambia.

> Jesucristo es el mismo ayer, y hoy, y por los siglos.
> —Hebreos 13:8

Jesús vino a liberar el tremendo poder de Dios en la tierra. Sus sanidades testificaron de su persona, Dios el Hijo. Esto hizo que la gente lo recibiera como Señor y Salvador. Hoy en día la Iglesia debe rechazar el pecado de la iglesia de Laodicea. Apocalipsis 3 registra el hecho de que esta iglesia lo tenía todo *excepto* a Jesucristo. Lo dejaron afuera porque nadie podía escuchar su voz. Esta iglesia era creciente, próspera, pujante, sin unción ni poder. Debemos abrir la puerta de una vez a nuestro Cristo y permitirle que vuelva a hacer su gran obra.

Jesucristo sanaba y caminaba por la tierra como

hombre. Jesús se vació de sí mismo, no de su deidad sino de las prerrogativas de su deidad. Vivió en la tierra como un hombre lleno del Espíritu Santo. Nos dejó un ejemplo que deberíamos seguir en sus pisadas. Prometió que la Iglesia haría "cosas mayores" que las que Él realizó en la tierra. Declaró que la Iglesia es su Cuerpo aquí. Por lo tanto, por medio de la Iglesia (su pueblo) los mismos milagros de sanidad son posibles. En realidad, Él derramó dones de sanidad y milagros en la Iglesia.

Observemos los notables milagros de Jesús y cómo pueden ser desatados en la actualidad.

Diez maneras en que Jesús sanó

CAPÍTULO 5

Jesús sanó por la Palabra

AL ESTUDIAR ALGUNAS sanidades importantes en la vida de Cristo, podemos aprender cómo desatar la sanidad en la Iglesia de hoy. Como su Cuerpo en la tierra, podemos ejercer los mismos métodos que Jesús usó para sanar.

Entre las primeras sanidades que Jesús realizó se encuentra una en la sinagoga de Capernaum.

> Otra vez entró Jesús en la sinagoga; y había allí un hombre que tenía seca una mano. Y le acechaban para ver si en el día de reposo le sanaría, a fin de poder acusarle. Entonces dijo al hombre que tenía la mano seca: Levántate y ponte en medio. Y les dijo: ¿Es lícito en los días de reposo hacer bien, o hacer mal; salvar la vida, o quitarla? Pero ellos callaban. Entonces, mirándolos alrededor con enojo, entristecido por la dureza de sus corazones, dijo al hombre: Extiende tu mano. Y él la extendió, y la mano le fue restaurada sana. Y salidos los fariseos, tomaron consejo con los herodianos contra él para destruirle.
>
> —MARCOS 3:1-6

El marco para el milagro era la reunión corporativa del pueblo de Dios para adorar. La sinagoga vendría a ser el equivalente de nuestras actuales iglesias locales. No era la primera vez que Jesús estaba en ese lugar, ni tampoco la primera vez que el hombre de la mano seca estaba frente a Jesús. Ese hombre ¿habría perdido una oportunidad anterior en que Jesús hubiera ido a ministrar?

Observe la condición del hombre. Tenía una mano seca. La mano representa autoridad y capacidad. La palabra *seca* es un pasivo perfecto del griego. Esto significa que la mano había sido herida por algo que le hicieron a ese hombre. Había sido herido por un trágico suceso o ataque. No siempre había carecido del uso de su mano.

Había habido buenos tiempos en el pasado en que esa mano trabajaba provechosamente, acariciaba a su esposa y a sus hijos, y se hacía cargo de muchas necesidades. Ahora pendía inútil a su lado. Era víctima de algún acto que le era ajeno.

Sin embargo, no había dejado de adorar ni había dejado la fe en Dios debido a su infortunio. Iba a la sinagoga otra vez. Cuando vemos este relato, ¿qué lección podemos extraer acerca de la sanidad hoy en día?

1. La sanidad suele tener lugar donde el pueblo de Dios se reúne. Hablaré más acerca de la unción corporativa en un capítulo posterior.

2. La sanidad solo ocurre cuando se experimenta la presencia de Jesucristo. Hoy en día, experimentamos su presencia espiritualmente y por el poder del Espíritu Santo.

3. La sanidad puede requerir la exposición pública de la necesidad. A este hombre Jesús le solicitó que se pusiera de pie en medio de la congregación. Todos pudieron ver su necesidad.

4. La verdad fundamental de esta historia es lo que se le pide a este hombre que haga. Jesús le ordenó que "extendiera su mano". Esa es la palabra de sanidad. Aquí la fe debe asir este momento y aceptar esa palabra.

Estando familiarizado con la Escritura del Antiguo Testamento, seguramente este hombre podría recordar la promesa hecha por Yahvé: "Envió su palabra, y los sanó" (Salmo 107:20).

Este hombre afrontó una decisión, un momento crucial en que debía creer y actuar conforme a la palabra, recibir o irse por incredulidad. En lo natural no podía hacer lo que se le había ordenado, pero la palabra de Jesús trajo fe a su alma. Cuando la fe se tomó de esa palabra de Jesús, la mano del hombre fue restaurada tan sana como la otra. Su milagro había sido desatado por la palabra de Jesús.

La sanidad puede llegar para usted cuando está en una

congregación que acepta la presencia de Jesús, alimenta la fe, y tiene una atmósfera de expectación.

> La Palabra de Dios permanecerá,
> Immutable para siempre;
> En todo tiempo y lugar.
> El mundo sí se moverá.
> La Palabra de Dios permanecerá,
> Sus enemigos jamás la cambiarán;
> Aunque el cielo y la tierra pasarán,
> La Palabra de Dios permanecerá eternamente.[1]

CAPÍTULO 6
Jesús sanó por la fe

¿CUÁL ES EL mayor ejemplo de fe que usted ha visto? Usted esperaría descubrir una fe tal en medio del pueblo de Dios. Jesús hizo un asombroso descubrimiento entre los soldados romanos acuartelados en Israel. Lucas nos brinda este relato de sanidad y fe.

Después que hubo terminado todas sus palabras al pueblo que le oía, entró en Capernaum. Y el siervo de un centurión, a quien éste quería mucho, estaba enfermo y a punto de morir. Cuando el centurión oyó hablar de Jesús, le envió unos ancianos de los judíos, rogándole que viniese y sanase a su siervo. Y ellos vinieron a Jesús y le rogaron con solicitud, diciéndole: Es digno de que le concedas esto; porque ama a nuestra nación, y nos edificó una sinagoga. Y Jesús fue con ellos. Pero cuando ya no estaban lejos de la casa, el centurión envió a él unos amigos, diciéndole: Señor, no te molestes, pues no soy digno de que entres bajo mi techo; por lo que ni aun me tuve por digno de venir a ti; pero di la palabra, y mi siervo será sano. Porque también yo soy hombre puesto bajo autoridad, y tengo soldados bajo mis órdenes; y digo a éste: Ve, y va; y al otro: Ven, y viene; y a mi siervo: Haz esto, y lo hace. Al oír esto, Jesús se maravilló de él, y volviéndose, dijo a la gente que le seguía: Os digo que ni aun en Israel he hallado tanta fe. Y al regresar a casa los que habían sido enviados, hallaron sano al siervo que había estado enfermo.

—Lucas 7: 1-10

Las personas religiosas pueden ser decepcionantes a veces. Jesús halló poca fe entre su pueblo. En cambio, un oficial romano recibió el honor de ser la persona de más fe durante el ministerio terrenal de Jesús.

Como enemigos de Israel, los soldados romanos no eran bienvenidos. Sin embargo, se halló una excepción en la ciudad galilea de Capernaum. Los judíos de esa ciudad dieron testimonio a Jesús del carácter de este hombre. El romano tenía un sirviente a quien apreciaba mucho el cual enfermó gravemente. Necesitaba sanidad. Inmediatamente el hecho de que ese romano se preocupara por los que trabajaban para él habla de su carácter. Segundo, el líder de la sinagoga local lo respetaba y le rogó a Jesús que lo ayudara. Tercero, testificaban que él amaba la nación de Israel. Cuarto, ¡él había pagado por su lugar de adoración y lo había edificado! Aquí tenían a un laico único: un soldado de una nación invasora vino y aceptó la religión y la fe del conquistado tanto que fundó, a su propia costa, un lugar de adoración, y sin embargo, ¡hoy en día los cristianos de todas partes discuten si deben pagar el diezmo o dar ofrendas monetarias en su iglesia!

¿Qué calificaba a este hombre para recibir el favor de Jesús? Permítame sugerir cuatro acciones demostradas por este hombre que liberan favor.

1. Tenía misericordia de los dolientes. ¡Jesús prometió bendición a los misericordiosos!
2. Respetaba al anciano ungido del lugar donde vivía. Aunque era un oficial de alto rango, se sometía a la autoridad espiritual de los ancianos judíos.
3. Amaba la nación de Israel. Dios había prometido bendecir a quienes bendijeran a Israel. (Génesis 12:1-3).
4. ¡Había edificado una casa de adoración!

Dios da favor a quienes proveen un lugar de adoración para Él. La *vida entera* de este hombre era un recordatorio delante de Dios que liberaba doble bendición y favor.

Después de oír el testimonio de los ancianos de Israel, Jesús fue con ellos adonde estaba ese hombre. Inmediatamente, el romano llamó "Señor" a Jesús. Su propia fe había aceptado a Jesús aunque muchos lo habían rechazado. Se entregó a sí mismo y entregó la necesidad de su siervo agonizante a la gracia de Jesús, declarando su propia indignidad. Luego hizo la mayor confesión de fe de los cuatro evangelios. Como oficial bajo la autoridad del Roma, él podía recibir y dar órdenes. Esas órdenes se cumplirían ¡estuviera él presente o no! Comprendiendo la autoridad de Jesús, el romano le dijo: "Di la palabra, y mi siervo será sano".

¡Aquí estaba un hombre que comprendía el poder de la palabra de la boca de Jesús! Comprendió la fuerza de la fe que acompañaba a esa palabra. Vio que Jesús no estaba limitado por un edificio, un ritual, cierta raza, o cierto tiempo. Este hombre tenía una gran fe en que cuando Jesús lo declarara, sería hecho.

La verdad es que Jesús simplemente liberó la fe del romano y eso sanó al siervo. Los curiosos fueron y verificaron, y enseguida llegaron los informes de que el hombre estaba bien.

¿Qué es una gran fe?

La fe grande no necesita una señal, ni trucos de magia religiosos, ni una cierta persona, simplemente a Jesús. ¿Comprende? La fe es creer y actuar en base a lo que Jesús ha prometido como si fuera así, cuando no parece que así fuera, ¡hasta que lo sea!

La fe saca de los recursos invisibles del reino y los mueve a una situación de la vida. La fe no es un mero sentimiento. La fe confiesa la promesa de Jesús sin hacer caso de las circunstancias o sentimientos.

¿Por qué era grande la fe de este comandante romano? Él no requirió una ministración con imposición de manos, unción de aceite, paños orados, o un servicio especial de sanidad. Todo lo que necesitaba era la palabra de Jesús, y la creyó. Esto contrasta con Jairo, el jefe de la sinagoga que le pidió a Jesús que fuera a su casa, o piense en Marta y María que se enojaron porque Jesús no fue rápidamente en auxilio de su hermano.

Comprenda que la fe más grande surge cuando usted no pone límite a la autoridad y la palabra del Señor Jesús. Esta "palabra de fe" está primero en su boca y luego "en su corazón" (Romanos 10:8). Este hombre sencillamente le dijo a Jesús: "Da la orden y será hecho". Esto es una fe viva, pura e inflexible, libre de todas las jergas y símbolos religiosos. Aquí está una fe que se extiende por los océanos, mueve montañas, trae a casa a los pródigos, y sana a nuestros amigos enfermos.

¡La fe grande fluye de un corazón de carácter, bondadoso y comprometido! ¿Quiere que alguien sea sanado? Venga a Jesús, ame a su pueblo, ¡y crea su Palabra!

CAPÍTULO 7
Jesús sanó para liberar el servicio

¿**P**OR QUÉ SANA Dios? Él sana a causa de su misericordia, a causa de su pacto, a causa de su Palabra, y en respuesta a la fe. Esto es lo que hemos observado hasta aquí, pero a veces la gracia sanadora de Dios se extiende por razones menos drásticas. Notamos esto en la visita de Jesús al ministro de la sinagoga de Capernaum.

Capernaum era la ciudad natal de Simón Pedro. Los arqueólogos han descubierto los cimientos de su hogar. La madre de la esposa de Pedro vivía con ellos. Jesús y algunos de sus seguidores habían ido a la sinagoga el sábado. Mientras estaban allí Jesús echó a un demonio fuera de un hombre. Fue un momento dramático y sorprendente.

> Pero había en la sinagoga de ellos un hombre con espíritu inmundo, que dio voces, diciendo: ¡Ah! ¿qué tienes con nosotros, Jesús nazareno? ¿Has venido para destruirnos? Sé quién eres, el Santo de Dios. Pero Jesús le reprendió, diciendo: ¡Cállate, y sal de él! Y el espíritu inmundo, sacudiéndole con violencia, y clamando a gran voz, salió de él. Y todos se asombraron, de tal manera que discutían entre sí, diciendo: ¿Qué es

esto? ¿Qué nueva doctrina es esta, que con autoridad
manda aun a los espíritus inmundos, y le obedecen?

—MARCOS 1:23-27

Imagine la emotividad de ese momento de liberación
y sanidad. Imagine un hombre poseído saltando en medio
del servicio de su iglesia, gritando y perturbando la reunión.
¿Cómo respondería usted? ¿Cómo esperaría que reaccionaran
los diáconos, los ancianos, o los pastores? Observe cómo respondió Jesús. ¡Cinco palabras dichas "con *autoridad*"!

Después del servicio Jesús fue a casa con Simón Pedro.
Como era sábado, la comida había sido preparada el día
anterior y envuelta para que conservara el calor, ya que no se
podía encender el fuego los sábados. Todos esperaban comer.

Al llegar a la casa encontraron que la suegra de Pedro
estaba enferma con una alta fiebre. Mire el registro de la
Escritura:

> Y la suegra de Simón estaba acostada con fiebre; y en
> seguida le hablaron de ella. Entonces él se acercó, y
> la tomó de la mano y la levantó; e inmediatamente le
> dejó la fiebre, y ella les servía.
>
> —MARCOS 1:30-31

Informaron a Jesús que la matriarca de la familia estaba
muy enferma. Observe que el entorno de este milagro es el
hogar. Nuevamente aprendemos que la sanidad no está cir-
cunscripta a ningún entorno en particular. En esta versión,
Jesús simplemente toma su mano y la ayuda a sentarse. No

hay una palabra, no se menciona la fe; sencillamente, una cariñosa ayuda de Jesús para que se incorpore. El toque compasivo de Jesús liberó la sanidad e ¡inmediatamente la fiebre la dejó!

¡Es interesante que ella se levante y sirva la comida del sábado que había preparado el día anterior! Está sana y fuerte. La palabra *servir* proviene del vocablo griego *diakonéo* del cual surge nuestra palabra *diácono*. La palabra significa "a través del polvo". Significa moverse tan rápidamente en el servicio que uno levanta polvo. Esta querida mujer pudo reanudar su trabajo y ejercer el don de hospitalidad para Jesús y para su familia.

Me impacta que Marcos tomara nota del hecho de que ella les sirvió la comida. Jesús recordaba su bondad, y eso está registrado para nosotros hoy. Para una mujer judía, la hospitalidad era una parte importante de su vida. En la cultura judía había un protocolo de hospitalidad requerido por la Escritura. La fiebre de esta mujer le impedía brindar el servicio que ella deseaba darle a Jesús. La sanidad de Jesús la liberó para servir con su don. En todo nuestro servicio a Jesús, sea que sintamos que es grande o pequeño, podemos pedir sanidad a fin de levantarnos y servir a nuestro Maestro.

Creo además que hay una imagen de sanidad corporativa para la Iglesia. Nuestras iglesias se han vuelto anémicas y enfermas mientras un mundo hambriento espera que hayamos preparado lo que ellos necesitan con tanta desesperación. ¡Es evidente que Jesús sanaba para liberar servicio!

CAPÍTULO 8
Jesús sanó para restaurar la vida

L A LEPRA ERA el cáncer o el SIDA de la época de Jesús. Esa enfermedad constituía una muerte lenta y espantosa. Gradualmente, esta enfermedad sumamente infecciosa consumía la carne, hacía que los dedos se cayeran, y tullía e incapacitaba a sus víctimas. Además, los así afligidos eran excluidos de la sociedad y la familia. Tenían que vivir fuera de todos los círculos sociales normales. No había una cura conocida para esta enfermedad. Hay muchos registros de Jesús sanando esta enfermedad incurable. Marcos registra el primero de tales encuentros:

> Vino a él un leproso, rogándole; e hincada la rodilla, le dijo: Si quieres, puedes limpiarme. Y Jesús, teniendo misericordia de él, extendió la mano y le tocó, y le dijo: Quiero, sé limpio. Y así que él hubo hablado, al instante la lepra se fue de aquél, y quedó limpio. Entonces le encargó rigurosamente, y le despidió luego, y le dijo: Mira, no digas a nadie nada, sino ve, muéstrate al sacerdote, y ofrece por tu purificación lo que Moisés mandó, para testimonio a ellos. Pero ido él, comenzó a publicarlo mucho y a divulgar

el hecho, de manera que ya Jesús no podía entrar abiertamente en la ciudad, sino que se quedaba fuera en los lugares desiertos; y venían a él de todas partes.

—Marcos 1:40-45

¿Cuán lejos está usted dispuesto a ir para ser sanado? Aquí tenemos a un hombre leproso que cae a los pies de Jesús, rogando ser sanado. No tuvo vergüenza, sino que de rodillas rogó el favor de Jesús. Quienes rechazan las expresiones externas de la ministración tales como la imposición de manos, la unción de aceite, la caída por el poder del Espíritu, el arrodillarse, el llorar en voz alta deberían ser cuidadosos. ¡Tal vez quienes ridiculizan tales expresiones nunca se han enfrentado cara a cara con la muerte consumidora y dolorosa!

Recuerdo mi propio incidente cardíaco y la aprensión que me trajo. Mientras yacía intubado en terapia intensiva, me sentía solo. A medianoche vino una enfermera y me ofreció ungirme con aceite y orar en lenguas por mí. Respondí: "Vierta todo el frasco de aceite sobre mí, ¡y ore de todas las formas que sepa!" Dios oyó esas oraciones y mi corazón fue sanado. En la desesperación hay algo que toca a Jesús en lo más recóndito de su ser. Aquí tenemos un hombre desesperado que ve a Jesús como su última esperanza de vida.

Este clamor hace que Jesús sea "movido a compasión". En el original griego es una forma verbal pasiva (o aoristo), que significa que algo dentro de ese hombre ¡alcanzó a Jesús en lo más recóndito de su ser!

Creo que fue el sencillo pedido con el que el hombre rogó

a Jesús que lo sanara. El versículo 40 registra el conmovedor momento. "Si quieres, puedes limpiarme". La palabra *puedes* viene de *dúnamai*, que significa "poder que obra milagros". Literalmente el hombre le dice a Jesús: "Si es tu voluntad, sé que tienes el poder que obra milagros para sanarme".

Jesús responde con un sencillo acto y una palabra salvífica y sanadora. Toca al leproso, lo cual violaba la tradición religiosa, y quebraba las leyes de higiene. Al tocar a este leproso Jesús estaba dispuesto a llevar su enfermedad.

Luego Jesús dice: "Quiero". En griego esa afirmación está en el presente activo del indicativo, que significa "sigo dispuesto a sanar". He oído a personas decir que quieren ser sanas "si es la voluntad de Dios". Esto resuelve esa cuestión. ¡La sanidad sigue siendo la voluntad de nuestro Señor Jesucristo!

Está muy claro que Jesús respondió al clamor sincero de este hombre por sanidad. Obviamente, muchos leprosos no fueron sanados en Israel en los días de Jesús. ¡Me pregunto cuántos estaban dispuestos a correr el riesgo y venir públicamente y rogar por lo que necesitaban! Algo en este hombre captó el corazón de Jesús, y la compasión lo sanó.

Hoy, la compasión por los enfermos terminales sigue moviendo el corazón de Dios. Primero debe mover el corazón del pueblo de Dios. Resolvamos para siempre esta cuestión de la sanidad. Jesús dijo: "Quiero".

CAPÍTULO 9
Jesús sanó por la fe de otros

ON FRECUENCIA HE oído que las personas no son sanadas por su propia falta de fe. Aunque nuestra propia fe puede liberar la sanidad, son sanados algunos de cuya fe no hay ningún registro. La sanidad no puede ser condicionada por ningún método o enfoque. Hay un incidente de sanidad al principio del ministerio de Jesús que desafía el pensamiento tradicional.

Entró Jesús otra vez en Capernaum después de algunos días; y se oyó que estaba en casa. E inmediatamente se juntaron muchos, de manera que ya no cabían ni aun a la puerta; y les predicaba la palabra. Entonces vinieron a él unos trayendo un paralítico, que era cargado por cuatro. Y como no podían acercarse a él a causa de la multitud, descubrieron el techo de donde estaba, y haciendo una abertura, bajaron el lecho en que yacía el paralítico. Al ver Jesús la fe de ellos, dijo al paralítico: Hijo, tus pecados te son perdonados. Estaban allí sentados algunos de los escribas, los cuales cavilaban en sus corazones: ¿Por qué habla éste así? Blasfemias dice. ¿Quién puede perdonar pecados, sino sólo Dios?

> Y conociendo luego Jesús en su espíritu que cavilaban de esta manera dentro de sí mismos, les dijo: ¿Por qué caviláis así en vuestros corazones? ¿Qué es más fácil, decir al paralítico: Tus pecados te son perdonados, o decirle: Levántate, toma tu lecho y anda? Pues para que sepáis que el Hijo del Hombre tiene potestad en la tierra para perdonar pecados (dijo al paralítico): A ti te digo: Levántate, toma tu lecho, y vete a tu casa. Entonces él se levantó en seguida, y tomando su lecho, salió delante de todos, de manera que todos se asombraron, y glorificaron a Dios, diciendo: Nunca hemos visto tal cosa.
>
> —Marcos 2:1-12

En este relato la casa en la cual se alojaba Jesús en Capernaum estaba atestada de gente que esperaba la ministración de Jesús. Ese lugar estaba repleto y no podía entrar nadie. Jesús les predicaba la Palabra de Dios. Es digno de notar que la predicación de la Palabra precediera a la imposición de manos en el ministerio.

La predicación de Jesús fue interrumpida cuando las piezas del techo fueron levantadas y un hombre físicamente minusválido fue bajado con cuerdas en un camastro frente a Jesús.

No se registra si este hombre quería estar allí. No se registra si su propia fe lo llevó allí. Lo que vemos es un grupo de hombres con la audacia de llevar a su amigo ante Jesús a toda costa. Esa clase de amor no repara en esfuerzos ni costos para ver a los seres queridos venir a Cristo a fin de que sea satisfecha su necesidad.

Prediqué acerca de este texto un domingo hace años, y después del servicio mi diácono de más mal genio preguntó: "Me pregunto quién tuvo que pagar el techo". ¡Qué actitud! Qué lamentable cuando estamos más preocupados por nuestro orden, o nuestros costos, o nuestro procedimiento más que por una persona perdida, enferma y herida

¡Se requirieron cuatro hombres para llevar a este hombre a Jesús! Cada uno tenía que llevar su parte de la carga. Sin embargo, su cooperación los llevó al destino deseado.

¿Qué liberó la sanidad en la vida de este hombre? ¿Qué le devolvió sus piernas? Es evidente en el versículo 5: "Al ver Jesús la fe de ellos". ¡La fe de estos cuatro hombres trajo sanidad y salvación a su amigo!

Los críticos no pueden evitar oír a Jesús decirle al paralítico: "Tus pecados te son perdonados..." Jesús quería que este hombre supiera que la presencia del pecado en la tierra proviene de Satanás, que el pecado desató la enfermedad, ¡y que el perdón abrió la puerta a la sanidad!

Inmediatamente, los críticos reconocieron en las observaciones de Jesús su válida afirmación de deidad. Jesús probó su derecho a perdonar al sanar al hombre. Ante la mirada de los críticos el hombre saltó sobre sus pies y se fue caminando. ¡Los observadores aturdidos estaban sorprendidos!

Lo importante de observar aquí es que la osada fe de los amigos de uno puede sanarlo.

CAPÍTULO 10
Jesús sanó mediante la liberación

L AS AUTORIDADES MÉDICAS afirman que muchas de nuestras enfermedades comienzan en la mente. Nuestro estado mental con frecuencia determina nuestro nivel de salud. Añada a esto la operación de espíritus demoníacos en el estado mental de alguien y resulta evidente que la opresión mental necesita grandemente del ministerio de sanidad.

Un joven en nuestra iglesia cuenta el relato de la primera vez que se encontró con un espíritu demoníaco:

> Fue durante la parte del servicio del "llamado al altar", y había estado orando por las personas cuando alguien me pidió que orara por una mujer que había permanecido sentada todo el tiempo. Al caminar hacia ella, sentí algo inusual; yo era bastante nuevo en todo esto de modo que no pensé nada en ese momento. Miré a la mujer que debe de haber sido de cinco pies ni más ni menos, y de alrededor de cien libras. Con los brazos y las piernas cruzados tan fuertemente que podría haber estado hecha de mármol.
>
> Me arrodillé frente a ella, puse mi mano en su cabeza, y comencé a orar. De repente, encontré que se

me hacía difícil hablar. Abrí los ojos y miré el rostro de la mujer; sus ojos eran tan negros y vacíos como nada que yo hubiera visto jamás. De pronto comencé a tener dificultad para respirar. Intenté levantarme y no pude. La gente me estaba ayudando a incorporarme cuando ella comenzó a arremeter a golpes, a gritar y sacudir los brazos para todas partes.

Mientras estaba de pie a un lado tratando de respirar, vi a otro hombre que comenzó a orar por ella tratando de liberarla de lo que fuera que estuviera en su interior. Ella luchaba y gritaba, y sinceramente ¡me dio un susto tremendo! Un hombre puso su mano sobre ella, y ella cayó, pero se doblaba y contorsionaba mientras yacía en el piso. Él declaraba el nombre de Jesús sobre ella, pero, para mi consternación, parecía que no le hacía bien.

Entonces vi acercarse por el pasillo al pastor asociado que parecía estar paseando por el parque. Se aproximó a la escena y le dijo al hombre que se detuviera. La mujer todavía yacía en el piso. El pastor le dijo: "¡Basta! En el nombre de Jesús, ya déjala. Es suficiente." No gritó. No hubo movimientos enérgicos ni agitación de manos. Sencillamente habló con autoridad y lo que fuera que estaba en ella, se fue.

Inmediatamente, comencé a respirar bien otra vez.[1]

Los espíritus demoníacos pueden plantar pensamientos, tentar, oprimir y deprimir a los creyentes. También pueden

traerles dolencias físicas. El ministerio de Jesús a los afectados por demonios fue llamado sanidad.

> …Dios ungió con el Espíritu Santo y con poder
> a Jesús de Nazaret, y cómo éste anduvo haciendo
> bienes y sanando a todos los oprimidos por el diablo,
> porque Dios estaba con él.
>
> —HECHOS 10:38

Jesús sanaba a "todos" los que eran oprimidos por los
poderes demoníacos. Cuando comenzamos a estudiar el
Nuevo Testamento, descubrimos a quienes habían perdido
la vista y el habla debido a la opresión demoníaca (Mateo
12:22-37). Descubrimos a los jóvenes suicidas afectados por
demonios (Mateo 17:14-21). Descubrimos que una mujer
cuya espalda había estado doblada por décadas era afligida
por un espíritu de enfermedad (Lucas 13:10-17). Todos
ellos fueron sanados ¡al *desalojar* al demonio!

Tal vez el peor caso se halla en Marcos 5. Aquí tenemos
a un hombre que llamaríamos demente.

> Vinieron al otro lado del mar, a la región de los gada-
> renos. Y cuando salió él de la barca, en seguida vino
> a su encuentro, de los sepulcros, un hombre con un
> espíritu inmundo, que tenía su morada en los sepul-
> cros, y nadie podía atarle, ni aun con cadenas. Porque
> muchas veces había sido atado con grillos y cadenas,
> mas las cadenas habían sido hechas pedazos por él, y
> desmenuzados los grillos; y nadie le podía dominar.

Y siempre, de día y de noche, andaba dando voces en los montes y en los sepulcros, e hiriéndose con piedras. Cuando vio, pues, a Jesús de lejos, corrió, y se arrodilló ante él. Y clamando a gran voz, dijo: ¿Qué tienes conmigo, Jesús, Hijo del Dios Altísimo? Te conjuro por Dios que no me atormentes. Porque le decía: Sal de este hombre, espíritu inmundo. Y le preguntó: ¿Cómo te llamas? Y respondió diciendo: Legión me llamo; porque somos muchos. Y le rogaba mucho que no los enviase fuera de aquella región. Estaba allí cerca del monte un gran hato de cerdos paciendo. Y le rogaron todos los demonios, diciendo: Envíanos a los cerdos para que entremos en ellos. Y luego Jesús les dio permiso. Y saliendo aquellos espíritus inmundos, entraron en los cerdos, los cuales eran como dos mil; y el hato se precipitó en el mar por un despeñadero, y en el mar se ahogaron. Y los que apacentaban los cerdos huyeron, y dieron aviso en la ciudad y en los campos. Y salieron a ver qué era aquello que había sucedido. Vienen a Jesús, y ven al que había sido atormentado del demonio, y que había tenido la legión, sentado, vestido y en su juicio cabal; y tuvieron miedo. Y les contaron los que lo habían visto, cómo le había acontecido al que había tenido el demonio, y lo de los cerdos. Y comenzaron a rogarle que se fuera de sus contornos. Al entrar él en la barca, el que había estado endemoniado le rogaba que le dejase estar con él. Mas Jesús no se lo permitió, sino que le dijo: Vete a tu casa, a los tuyos, y cuéntales cuán grandes cosas el Señor ha hecho contigo, y cómo ha tenido misericordia de ti. Y se fue, y comenzó a publicar en Decápolis cuán grandes cosas había hecho Jesús con él; y todos se maravillaban.

—Marcos 5:1-20

Al leer el relato es obvio que los demonios han enfermado mentalmente a ese hombre de manera tal que se sentía incapaz de vivir una vida normal. Ha perdido el dominio propio. Vive en agonía y furioso. Hiere su propio cuerpo por odio hacia sí mismo. Se lo considera peligroso para la sociedad, y se han hecho esfuerzos por encadenarlo. Ha manifestado una fuerza fuera de lo común al romper sus ataduras. También ha perdido el sentido de decencia al vivir desnudo en un cementerio.

Antes de juzgar con demasiada severidad a este hombre, observemos nuestro tiempo. Es evidente que nuestras cárceles e incluso nuestra sociedad están llenas de personas que asesinan, violan, y aterrorizan a otros.

¿Por qué vemos a este hombre desnudo como raro y sin embargo reímos con las jovencitas escolares en un concurso de camisetas mojadas? La industria de la pornografía está llena de víctimas demonizadas.

¿Qué se puede hacer por aquellos cuyas vidas se han convertido en habitación de espíritus demoníacos? Deben tener un encuentro con Jesús. La sanidad para quienes están afectados por demonios debe comenzar por la liberación. Usted no puede aconsejar a lo que debe ser echado fuera. Estas desafortunadas personas necesitan la ayuda de otros para que oren hasta que sean libres. (Vea mi libro *Una guía esencial para la guerra espiritual y los demonios*.)

Cuando Jesús terminó con este hombre, él estaba vestido y en su cabal juicio. Estaba listo para irse a casa con su familia y reinsertarse en la sociedad.

La Iglesia debe aceptar la liberación como un medio para sanar hoy en día. Muchos atormentados por la opresión podrían vivir en libertad si satisficiéramos esa necesidad de sus vidas.

CAPÍTULO 11
Jesús sanó a los desesperados

DESPUÉS DE LIBERAR a los poseídos como mencioné en el capítulo anterior, Jesús cruzó el mar y se encontró con Jairo, el líder de la sinagoga local que tenía una hija a punto de morir. Jairo se postró a los pies de Jesús y le rogó que fuera y sanara a su hijita. En el camino, Jesús tuvo un extraño encuentro con una mujer.

Y cierta mujer que padecía de flujo de sangre desde hacía doce años, y que había padecido mucho en manos de muchos médicos y había gastado cuanto tenía sin ningún provecho, sino que había empeorado aún más, cuando escuchó hablar de Jesús, vino por detrás, entre la multitud, y tocó sus vestidos, porque decía: "Si tan solo tocara sus ropas, quedaré sana". Y la fuente de su sangre se secó al instante, y ella sintió en su cuerpo que había sido sanada de su enfermedad.

Entonces Jesús, sabiendo dentro de sí que había emanado poder de Él, volviéndose a la multitud, dijo: ¿Quién tocó mis vestidos?

Sus discípulos le respondieron: Ves que la multitud

te oprime, y dices: "¿Quién me tocó?" Pero Él buscaba para ver quién había hecho esto. Entonces la mujer, temerosa y temblando, sabiendo lo que había sido en ella, fue y postrándose ante Él, le contó toda la verdad. Y Él le dijo: Tu fe te ha sanado, hija mía. Vete en paz y queda sana de tu enfermedad.

—Marcos 5:25-34, Biblia Peshita

Muchos se apiñaban alrededor de Jesús mientras él se abría camino a la casa de Jairo, sin embargo solo uno de los que lo tocaron fue sano. Se identifica a esta persona como "cierta mujer", lo que significa que era conocida en toda la ciudad. Estaba afligida por una enfermedad femenina que hacía que perdiera sangre continuamente. Por causa de esta condición fue excluida de su familia, de su sinagoga, y de toda la sociedad. Era considerada impura.

Bajo la ley, el "flujo de sangre" volvía a la mujer tan impura como a un leproso (vea Levítico 15:19, 25). Además, parece que el suyo era resultado de una enfermedad. Es posible que hubiera contraído una enfermedad venérea incurable. Tales enfermedades han seguido a los ejércitos a lo largo de los siglos. Fuera eso verdad o no, su aflicción había destruido completamente su reputación.

Es probable que Jairo fuera el principal de la sinagoga, y el rabino de ella. También es interesante que la hija de Jairo tuviera la misma edad que los años que ella llevaba enferma.

En su enfermedad y en su desesperación, ella infringió todo protocolo social y religioso y atravesó la multitud para tocar el borde del manto de Jesús. Sin dudas, esto debe referirse a los flecos o "tzitzit" del talit o manto de oración de Jesús. Sabemos que lo tenía porque después envolvió a la hija de Jairo en él.

> Y tomando la mano de la niña, le dijo: Talita cumi; que traducido es: Niña, a ti te digo, levántate.
>
> —MARCOS 5:41

Observe *"Talita cumi"* que literalmente se traduce como "pequeña en mi talit, a ti te digo, levántate".

De modo que tenemos ante nosotros en este relato a una mujer desesperada, considerada desahuciada, que aprovecha su momento y toca a Jesús.

Jesús sabe quien está desesperado

En este relato como hemos dicho, muchos se apiñaban alrededor de Él, pero solo uno es sanado por su toque. En ese momento milagroso, Jesús pregunta: "¿Quién ha tocado mis vestidos?" (vea Marcos 5:30). Los discípulos estaban atónitos, viendo la gran multitud a alrededor de Él.

Jesús sabía que había salido poder de Él. El toque de alguien fue diferente. ¿Qué ocurrió? Dicho sencillamente: ¡la desesperación mezclada con la fe dio libre acceso a la unción!

Esa mujer fue ante Jesús y se postró temblando delante de Él, ¡sabiendo que había sido sanada al instante! Note además que ella "le dijo toda la verdad".

65

¿Comprende? ¡Ella tenía una historia! No sabemos cómo se enfermó, pero ella supo que podía confesarle su historia a Jesús. La verdad la hizo libre ¡y Jesús cambió su identidad! Al principio de este relato solo era otra mujer enferma, agonizante. Al finalizar, Jesús le dice: "Hija..." Ahora ella está en la familia con un nuevo destino. Puede ir en paz, porque Jesús la ha liberado de su pasado.

A veces cuando queremos sanidad debemos estar dispuestos a tomar medidas desesperadas para llegar a Jesús. Todo orgullo debe ser quebrado ¡y debemos decirle a El toda la verdad!

CAPÍTULO 12
Jesús sanó al persistente

UNA MUJER DE Tiro y Sidón confrontó a Jesús al llegar a su país.

Y he aquí una mujer cananea que había salido de aquella región clamaba, diciéndole: ¡Señor, Hijo de David, ten misericordia de mí! Mi hija es gravemente atormentada por un demonio. Pero Jesús no le respondió palabra. Entonces acercándose sus discípulos, le rogaron, diciendo: Despídela, pues da voces tras nosotros. El respondiendo, dijo: No soy enviado sino a las ovejas perdidas de la casa de Israel. Entonces ella vino y se postró ante él, diciendo: ¡Señor, socórreme! Respondiendo él, dijo: No está bien tomar el pan de los hijos, y echarlo a los perrillos. Y ella dijo: Sí, Señor; pero aun los perrillos comen de las migajas que caen de la mesa de sus amos. Entonces respondiendo Jesús, dijo: Oh mujer, grande es tu fe; hágase contigo como quieres. Y su hija fue sanada desde aquella hora.

—MATEO 15:22-28

El texto griego indica que ella lloraba a gritos ante Jesús y los discípulos. Sus acciones molestaban y fastidiaban.

Los discípulos querían que Jesús la despidiera. Ella estaba descontrolada y además no era judía.

Jesús simplemente ignoraba a la mujer. ¿Se imagina que alguien se acerque a un pastor hoy en día y que sencillamente se lo ignore? Jesús no dijo una palabra. Finalmente, debido a que ella se rehusaba a recibir un no por respuesta, Jesús le habló con rudeza.

"No soy enviado sino a las ovejas perdidas de la casa de Israel" (Mateo 15:24).

Esta afirmación produjo dos cosas. Una, confirmó la tensión racial que había en la tierra en esos días y continúa hasta hoy. Segundo, ¡demandó que esta mujer fenicia aceptara a un Mesías judío!

Ella lo llamó "Señor" y le siguió suplicando que la ayudara.

Comida para perros y sanidad

Jesús entonces denigra a la mujer gentil con esta afirmación: "No está bien tomar el pan de los hijos, y echarlo a los perrillos" (Mateo 15:26).

¡Llamó perros a la mujer y a sus hijos! Bueno, ese era un término común para los no judíos en esa época. Se los llamaba perros gentiles.

La persistencia tiene su recompensa

Esta mujer no aceptó ser echada ni siquiera por un comentario racista e insultante. "Y ella dijo: 'Sí, Señor; pero aun los perrillos comen de las migajas que caen de la mesa de sus amos'" (Mateo 15:27). Su respuesta indicaba una gran fe. Jesús reconoció esa fe y sanó a su hija instantáneamente.

Ser sanado frecuentemente significa esperar el tiempo de Dios y no darse por vencido ni ceder. Dios puede despojarlo de su orgullo a fin de exponer su fe persistente. ¡La fe grande es la fe que no se rinde!

CAPÍTULO 13
Jesús sanó para revelar el propósito de Dios

NOS DE LOS más fascinantes relatos de sanidad de los Evangelios es el del ciego de Juan 9. Jesús y sus seguidores discutían respecto a un hombre nacido ciego. Los discípulos querían saber qué pecado causaba la enfermedad. Jesús echó por tierra la tradición, popular en sus días, de que toda enfermedad era causada por el pecado de alguien. Jesús les dijo que Dios había permitido la ceguera a fin de traer por revelación conocimiento de la obra de Dios. Es importante que usted comprenda que la sanidad es una "obra de Dios". Él sigue sanando para revelar su reino o su naturaleza.

Saliva y barro

A veces Jesús obraba de maneras que resultaban desagradables y difíciles de entender. Considere el caso del ciego que se halla en Juan 9. Jesús fue confrontado por sus discípulos que querían saber quién era responsable por la ceguera del hombre: sus pecados o los pecados de sus padres. Jesús les dice que ese hombre había sido afligido así para que la gloria de Dios pudiera ser revelada en su sanidad. Aquí, Jesús hace la gran declaración de que Él es "la luz del mundo" (Juan 9:5).

Luego escupe en el suelo y hace una unción de barro y saliva. Unge los ojos del hombre con esa mezcla y lo envía a lavarse al estanque de Siloé. El hombre obedece ¡y regresa viendo! (Juan 9:6-7)

Aquí tenemos una clara revelación de la obra de Dios y de que Jesús era el Mesías. Sin embargo, lo que sigue es una parodia de investigación.

> Y le dijeron: ¿Cómo te fueron abiertos los ojos? Respondió él y dijo: Aquel hombre que se llama Jesús hizo lodo, me untó los ojos, y me dijo: Ve al Siloé, y lávate; y fui, y me lavé, y recibí la vista. Entonces le dijeron: ¿Dónde está él? El dijo: No sé.
>
> —Juan 9:10-12

Observe que sus vecinos le preguntaron y él les dijo exactamente lo que ocurrió. No creyéndole, lo llevaron ante la *intelligentsia* religiosa.

> Llevaron ante los fariseos al que había sido ciego. Y era día de reposo cuando Jesús había hecho el lodo, y le había abierto los ojos. Volvieron, pues, a preguntarle también los fariseos cómo había recibido la vista. El les dijo: Me puso lodo sobre los ojos, y me lavé, y veo.
>
> Entonces algunos de los fariseos decían: Ese hombre no procede de Dios, porque no guarda el día de reposo.

Otros decían: ¿Cómo puede un hombre pecador hacer estas señales? Y había disensión entre ellos.

Entonces volvieron a decirle al ciego: ¿Qué dices tú del que te abrió los ojos?

Y él dijo: Que es profeta.

Pero los judíos no creían que él había sido ciego, y que había recibido la vista, hasta que llamaron a los padres del que había recibido la vista.

—JUAN 9:13-18

Aquí, discuten con el ciego y llaman a sus padres. Ellos dejan en claro que es su hijo y que nació ciego. Tenían temor, sin embargo, de ser expulsados de la sinagoga.

…y les preguntaron, diciendo: ¿Es éste vuestro hijo, el que vosotros decís que nació ciego? ¿Cómo, pues, ve ahora?

Sus padres respondieron y les dijeron: Sabemos que éste es nuestro hijo, y que nació ciego; pero cómo vea ahora, no lo sabemos; o quién le haya abierto los ojos, nosotros tampoco lo sabemos; edad tiene, preguntadle a él; él hablará por sí mismo. Esto dijeron sus padres, porque tenían miedo de los judíos, por cuanto los judíos ya habían acordado que si alguno confesase que Jesús era el Mesías, fuera expulsado de la sinagoga. Por eso dijeron sus padres: Edad tiene, preguntadle a él.

—JUAN 9:19-23

Nuevamente, llaman al hombre que había sido sanado, le hacen preguntas y él da la clásica respuesta:

> Entonces él respondió y dijo: Si es pecador, no lo sé; una cosa sé, que habiendo yo sido ciego, ahora veo.
>
> —JUAN 9:25

Todavía persisten en cuestionar el milagro y él responde:

> Le volvieron a decir: ¿Qué te hizo? ¿Cómo te abrió los ojos?
>
> El les respondió: Ya os lo he dicho, y no habéis querido oír; ¿por qué lo queréis oír otra vez? ¿Queréis también vosotros haceros sus discípulos?
>
> Y le injuriaron, y dijeron: Tú eres su discípulo; pero nosotros, discípulos de Moisés somos. Nosotros sabemos que Dios ha hablado a Moisés; pero respecto a ése, no sabemos de dónde sea.
>
> Respondió el hombre, y les dijo: Pues esto es lo maravilloso, que vosotros no sepáis de dónde sea, y a mí me abrió los ojos. Y sabemos que Dios no oye a los pecadores; pero si alguno es temeroso de Dios, y hace su voluntad, a ése oye. Desde el principio no se ha oído decir que alguno abriese los ojos a uno que nació ciego. Si éste no viniera de Dios, nada podría hacer.
>
> Respondieron y le dijeron: Tú naciste del todo en pecado, ¿y nos enseñas a nosotros? Y le expulsaron.
>
> —JUAN 9:26-34

Finalmente, como recompensa por aceptar su sanidad y responder con veracidad a sus preguntas, lo expulsan de la sinagoga.

La sanidad perturba el statu quo

Aquí tenemos a un hombre expulsado de la sinagoga (el equivalente a una iglesia) porque Jesús lo sanó. Las obras de Jesús no serán controladas, confinadas ni restringidas por religiones o parámetros de hombres.

Jesús usó saliva y barro para sanar a este hombre; de esa manera solo Dios podría tener la gloria. Dios sanará por medios inusuales para manifestar la revelación de sus poderosas obras.

CAPÍTULO 14
Jesús sanó a sus enemigos

CUANDO LOS ROMANOS arrestaron a Jesús, un Pedro enfurecido desenvainó una espada y le cortó la oreja al siervo del sumo sacerdote, Malco. Lucas registró este relato.

> Viendo los que estaban con él lo que había de acontecer, le dijeron: Señor, ¿heriremos a espada? Y uno de ellos hirió a un siervo del sumo sacerdote, y le cortó la oreja derecha.
>
> Entonces respondiendo Jesús, dijo: Basta ya; dejad. Y tocando su oreja, le sanó.
>
> —LUCAS 22:49-51

Según Josefo, Malco era un esclavo del sumo sacerdote (*Antigüedades*, 14:13). Cualquiera fuera el caso, Jesús sanó la oreja con un milagro restaurativo. No tenemos registro o historia de lo que sucedió con Malco. Sí sabemos que la sanidad fue genuina porque Lucas, el médico, registró el incidente para nosotros. Además, fue el último milagro de Jesús antes de la cruz.

La cuestión es que a veces Jesús sana sencillamente para aliviar el sufrimiento humano. En este breve informe aprendemos que el poder sanador de Jesús no puede ser limitado por barreras sociales ni raciales. Jesús tuvo compasión de ese pobre esclavo y lo sanó. Observe que no había fe, ni conexión con la Iglesia, ni alabanza, ni adoración, ni razón alguna para que ese hombre fuera sanado.

¡Jesús reveló que la sanidad es su soberana voluntad y elección! Así que este milagro de sanidad nos deja sin una doctrina de la sanidad, y sencillamente con un Señor que sana a quien quiere. ¡Él es soberano!

SECCIÓN TRES

Sanidad por medio de la iglesia HOY

CAPÍTULO 15
El ministerio de sanidad en el Cuerpo de Cristo hoy

L A SANIDAD ES unos de los temas más controvertidos que puedan suscitarse en la Iglesia. Sin duda, la Biblia está llena de milagros de sanidad. Además, parece evidente que la sanidad es resultado de los azotes que Jesús sufrió antes de la cruz.

> Mas él herido fue por nuestras rebeliones, molido por nuestros pecados; el castigo de nuestra paz fue sobre él, y por su llaga fuimos nosotros curados.
>
> —ISAÍAS 53:5

> Y cuando llegó la noche, trajeron a él muchos endemoniados; y con la palabra echó fuera a los demonios, y sanó a todos los enfermos; para que se cumpliese lo dicho por el profeta Isaías, cuando dijo: El mismo tomó nuestras enfermedades, y llevó nuestras dolencias.
>
> —MATEO 8:16-17

> quien llevó él mismo nuestros pecados en su cuerpo sobre el madero, para que nosotros, estando muertos

a los pecados, vivamos a la justicia; y por cuya herida fuisteis sanados

—1 Pedro 2:24

Además, la iglesia primitiva también experimentaba milagros de sanidad. En realidad la salud y la prosperidad eran objetos de la oración.

Amado, yo deseo que tú seas prosperado en todas las cosas, y que tengas salud, así como prospera tu alma.

—3 Juan 1:2

Observando el ministerio de sanidad de Jesús, la Iglesia debe reconocer que somos su Cuerpo en la tierra hoy. Por lo tanto, debemos exhibir la misma pasión por la sanidad que hemos observado. Note lo siguiente acerca de los milagros de sanidad de Jesús.

Jesús sanó:

+ Por la Palabra
+ Por la fe del enfermo
+ Para liberar el servicio
+ Para restaurar la vida
+ Por medio de la fe de otros
+ Para liberar de demonios
+ Al desesperado

+ Al persistente

+ Para revelar a Dios (y los propósitos de Dios)

+ A sus enemigos

Por lo tanto, la Iglesia debe manifestar el poder sanador de Dios a nuestra generación.

Pero, ¿y si...?

Aun sabiendo todo esto, sigue habiendo preguntas y controversias que giran en torno a los ministerios de sanidad.

1. ¿Dios sana a todos?

2. ¿Por qué algunos no son sanados?

3. ¿La fe de quién es necesaria? ¿Del enfermo? ¿Del ministro? ¿De ambos?

Quiero confesar que no sé todas las respuestas, pero he investigado la Escritura de modo que puedo saber cómo Dios sana. He hallado diez maneras en que la Iglesia puede manifestar el poder sanador de Dios.

1. La presencia del don y de la unción para sanar

Hay momentos en que Dios manifiesta los dones de sanidad en ciertos lugares. La unción es tan grande que hasta las ropas se usan como puntos de contacto. Las personas son sanadas en un ambiente saturado del Espíritu donde se manifiestan los dones de sanidad.

Y hacía Dios milagros extraordinarios por mano de
Pablo, de tal manera que aun se llevaban a los enfermos
los paños o delantales de su cuerpo, y las enfermedades
se iban de ellos, y los espíritus malos salían.

—HECHOS 19:11-12

a otro, fe por el mismo Espíritu; y a otro, dones de
sanidades por el mismo Espíritu

—1 CORINTIOS 12:9

Evidentemente, la sanidad es un don para beneficio de
la Iglesia y para la gloria de Dios.

2. La imposición de manos

Es privilegio de todo creyente verdadero imponer
manos sobre los enfermos y orar por ellos para que se recu-
peren. Hay "vida de cuerpo" y una transferencia espiritual
que tiene lugar en el ámbito invisible.

Tomarán en las manos serpientes, y si bebieren cosa
mortífera, no les hará daño; sobre los enfermos pon-
drán sus manos, y sanarán.

—MARCOS 16:18

3. Ancianos, oración, y unción de aceite

¿Está alguno enfermo entre vosotros? Llame a los
ancianos de la iglesia, y oren por él, ungiéndole con
aceite en el nombre del Señor.

—SANTIAGO 5:14

Aquí el creyente por su propia voluntad llama a los pastores. Es necesaria la confesión del pecado y la preparación del corazón. El aceite simboliza la obra del Espíritu Santo.

4. Declararle la Palabra a su enfermedad

> Porque de cierto os digo que cualquiera que dijere a este monte: Quítate y échate en el mar, y no dudare en su corazón, sino creyere que será hecho lo que dice, lo que diga le será hecho.
>
> —Marcos 11:23

Observe con cuidado que el creyente debe decir claramente su necesidad. Esta palabra debe ser declarada confiadamente. ¡Aquí tenemos una herramienta para seguir usando hasta que la enfermedad se vaya!

5. El poder del acuerdo y la sanidad

> Otra vez os digo, que si dos de vosotros se pusieren de acuerdo en la tierra acerca de cualquiera cosa que pidieren, les será hecho por mi Padre que está en los cielos. Porque donde están dos o tres congregados en mi nombre, allí estoy yo en medio de ellos.
>
> —Mateo 18:19-20

La razón por la cual Dios nos dio la Iglesia es para que podamos aprender el poder de ponerse de acuerdo. El Salmo 133 habla de la bendición que Dios envía donde dos o más se ponen de acuerdo acerca de la voluntad de Dios.

Usted necesita una iglesia con la cual ponerse de acuerdo para ser sano.

6. Su propia fe

> Por tanto, os digo que todo lo que pidiereis orando, creed que lo recibiréis, y os vendrá.
>
> —Marcos 11:24

Su propia oración saturada de fe puede darle la sanidad. La fe hará planes y se moverá a pesar de la enfermedad.

7. El nombre de Jesús

> Y todo lo que pidiereis al Padre en mi nombre, lo haré, para que el Padre sea glorificado en el Hijo. Si algo pidiereis en mi nombre, yo lo haré.
>
> —Juan 14:13-14

El nombre de Jesús es una fuerza poderosa contra las enfermedades y los demonios. Es un verdadero ariete que derriba la enfermedad

> Pedro y Juan subían juntos al templo a la hora novena, la de la oración. Y era traído un hombre cojo de nacimiento, a quien ponían cada día a la puerta del templo que se llama la Hermosa, para que pidiese limosna de los que entraban en el templo. Este, cuando vio a Pedro y a Juan que iban a entrar en el templo, les rogaba que le diesen limosna.
>
> Pedro, con Juan, fijando en él los ojos, le dijo:

Míranos. Entonces él les estuvo atento, esperando recibir de ellos algo. Mas Pedro dijo: No tengo plata ni oro, pero lo que tengo te doy; en el nombre de Jesucristo de Nazaret, levántate y anda. Y tomándole por la mano derecha le levantó; y al momento se le afirmaron los pies y tobillos; y saltando, se puso en pie y anduvo; y entró con ellos en el templo, andando, y saltando, y alabando a Dios

—HECHOS 3:1-8

Observe que fue el nombre de Jesús lo que trajo la sanidad.

8. *Orar por otros*

Y quitó Jehová la aflicción de Job, cuando él hubo orado por sus amigos; y aumentó al doble todas las cosas que habían sido de Job.

—JOB 42:10

9. *La fe de otros*

Al ver Jesús la fe de ellos, dijo al paralítico: Hijo, tus pecados te son perdonados. Estaban allí sentados algunos de los escribas, los cuales cavilaban en sus corazones: ¿Por qué habla éste así? Blasfemias dice. ¿Quién puede perdonar pecados, sino sólo Dios? Y conociendo luego Jesús en su espíritu que cavilaban de esta manera dentro de sí mismos, les dijo: ¿Por qué caviláis así en vuestros corazones? ¿Qué es más fácil, decir al paralítico: Tus pecados te son perdonados, o decirle: Levántate, toma tu lecho y anda? Pues para

que sepáis que el Hijo del Hombre tiene potestad en
la tierra para perdonar pecados (dijo al paralítico). A
ti te digo: Levántate, toma tu lecho, y vete a tu casa.
—Marcos 2:5-11

El paralítico fue sanado por Jesús debido a la fe de sus
amigos. Jesús respondió a "la fe de ellos". De igual manera,
los creyentes pueden orar por otros.

10. La medicina

Dios ha formado el cuerpo humano con sistemas de
defensa para responder a los ataques. Ha puesto procesos
de sanidad en el cuerpo .La Biblia usa de manera intercam-
biable la palabras *iaomai* y *dserapeúo*. De modo que Dios
puede usar la medicina para sanar junto con la ayuda de las
defensas naturales del cuerpo.

Recientemente, tuve una cirugía de reemplazo de
rótula. Me sorprendió ser reprendido por muchos hermanos y hermanas en Cristo por hacerme esta operación,
en vez de confiar solamente en la oración y la intercesión
para ser sano. Estaba molesto por eso hasta que mi amigo
Charles Carrin me recordó que Jesús mismo dijo: "Los
sanos no tienen necesidad de médico, sino los enfermos".

Dios usa una miríada de métodos para efectuar sanidad
para sus hijos, y muchas personas pueden ser sanadas a
menos que sea para ellas el tiempo de irse a casa.

CAPÍTULO 16
Sanidad mediante la comunión

L A SANTA CENA del Señor o comunión ha sido tomada con mucha liviandad por la Iglesia. Por esa razón, afecciones físicas negativas como enfermedades, debilidad y muerte han caído sobre muchos.

> Pues qué, ¿no tenéis casas en que comáis y bebáis? ¿O menospreciáis la iglesia de Dios, y avergonzáis a los que no tienen nada? ¿Qué os diré? ¿Os alabaré? En esto no os alabo. Porque yo recibí del Señor lo que también os he enseñado: Que el Señor Jesús, la noche que fue entregado, tomó pan; y habiendo dado gracias, lo partió, y dijo: Tomad, comed; esto es mi cuerpo que por vosotros es partido; haced esto en memoria de mí. Asimismo tomó también la copa, después de haber cenado, diciendo: Esta copa es el nuevo pacto en mi sangre; haced esto todas las veces que la bebiereis, en memoria de mí. Así, pues, todas las veces que comiereis este pan, y bebiereis esta copa, la muerte del Señor anunciáis hasta que él venga.
>
> —1 CORINTIOS 11:22-26

El pacto de sangre

Fíjese que la Cena del Señor es una comida de "pacto". De hecho, simboliza un "pacto o juramento de sangre". La palabra *pacto* en el Antiguo Testamento es *berit*. Significa "cortar". Cuando se hacían los pactos en oriente se mataban animales, los cortaban a la mitad y los pactantes caminaban entre las carcasas sobre el suelo ensangrentado; ambos se mezclaban con la sangre en común del animal. La sangre representa la vida y al prometer sobre esa sangre acordaban que sus vidas estaban unidas por una promesa sagrada y el rompimiento de tal promesa les valía perder el derecho a su propia vida.

En otros rituales, los amigos se convertían en hermanos de sangre haciéndose cortes en la mano o el antebrazo y mezclando su sangre para ratificar el pacto de amistad. ¡Al mezclar esa sangre el ritual declaraba que las dos vidas eran una sola! Habían intercambiado vida por vida. Estos pactos generalmente ligaban durante generaciones.

El nuevo pacto

En la Cena del Señor Jesús representó el trato brutal que se le daría a su cuerpo y el derramamiento de su sangre ¡a favor de los que estuvieran en pacto con Él! La comunión es la fiesta mediante la cual simbólicamente tomamos el cuerpo y la sangre de Jesús. ¡Su vida se convierte en mi vida y mi vida se convierta en la suya!

Jesús llamó a esto "el Nuevo Pacto". En griego hay dos palabras que significan *nuevo*: *néos*, que significa nuevo en el tiempo: ¡Dios lo había prometido antes de que el mundo fuera! Sin embargo, en la Última Cena, Jesús utilizó la palabra *kainós*, que denota una novedad en calidad. Este pacto era tan antiguo como las pieles ensangrentadas que usaron Adán y Eva, tan antiguo como el cordero que mató Abel, tan antiguo como el pan y el vino que ofreció Abraham a Melquisedec; tan antiguo como la ofrenda de Isaac, tan antiguo como los sacrificios del templo, el día de la expiación, la Pascua…Pero fue nuevo en que la sombra se se convirtió en sustancia, lo ritual se convirtió en realidad, y los beneficios desatados fueron sobrenaturales.

Los símbolos del pacto

Los dos elementos de la comunión fueron pan, representando su cuerpo y vino, representando su sangre.

La sangre: el vino

Ahora el vino se relaciona con nuestros pecados y su perdón. Además, el vino ilustra nuestra victoria sobre el demonio. Describe la vida de Jesús incorporándose a la vida del creyente.

> Pero si andamos en luz, como Él está en luz, tenemos comunión unos con otros, y la sangre de Jesucristo su Hijo nos limpia de todo pecado
>
> —1 JUAN 1:7

El cuerpo: el pan

El cuerpo de Jesús representado por el pan tiene que ver con la sanidad de nuestros propios cuerpos.

> Mas él herido fue por nuestras rebeliones, molido por nuestros pecados; el castigo de nuestra paz fue sobre él, y por su llaga fuimos nosotros curados
>
> —Isaías 53:5

> Quien llevó él mismo nuestros pecados en su cuerpo sobre el madero, para que nosotros, estando muertos a los pecados, vivamos a la justicia; y por cuya herida fuisteis sanados.
>
> —1 Pedro 2:24

Piense conmigo por algunos momentos en la flagelación de Jesús con el látigo de nueve puntas. Era atroz, brutal y a menudo mortal. Él recibió treinta y nueve latigazos; lo que los romanos consideraban que era uno antes de la muerte. Muchos morían por esta terrible golpiza.

Cada una de las nueve tiras de cuero tenía trozos de piedra, vidrio y metal. En el curso de esos treinta y nueve latigazos la víctima recibía 351 azotes. ¡Esos azotes son para nuestra sanidad! Curiosamente, ¡el pan de Pascua es azotado y agujereado!

¡Jesús fue molido por nuestra sanidad! Fue desfigurado por nuestra sanidad.

Como se asombraron de ti muchos, de tal manera fue desfigurado de los hombres su parecer, y su hermosura más que la de los hijos de los hombres

—Isaías 52:14

¡El cuerpo de Jesús quebró también el mortal control de la Ley! Ahora volvamos a 1 Corintios 11:29-30.

Porque el que come y bebe indignamente, sin discernir el cuerpo del Señor, juicio come y bebe para sí. Por lo cual hay muchos enfermos y debilitados entre vosotros, y muchos duermen.

Fíjese en la palabra *indignamente*. ¡No está en el texto griego! Literalmente se lo podría traducir como "el que come y bebe se hace criminalmente culpable, porque no entiende la diferencia entre el cuerpo y la sangre de Cristo".

Usted necesita discernir entre lo que la sangre hizo por usted y lo que el *cuerpo* de Jesús hizo por usted. ¡Fue el cuerpo el que desató la sanidad! El pan de comunión representa su cuerpo. Cuando se entiende correctamente y se asimila ¡se desata sanidad por medio de esa comunión!

Los tristes resultados del fracaso

En la Iglesia hay personas que están débiles, enfermas y agonizando porque no entienden correctamente la Cena del Señor.

1. Débil significa achacoso.

2. Enfermo significa que tiene una dolencia.

3. Dormido significa muerto.

Cuando usted toma el pan de la comunión está tomando para sí la vida de Jesús. La sangre ratifica lo que el pan desata en el pacto con Dios. ¡Por *fe* tome la comida que sana!

CAPÍTULO 17
Seis dimensiones de sanidad

HABIENDO DICHO TODO esto, es importante prestar atención al significado exacto del Salmo 107:20: "Envió su palabra, y los sanó, y los libró de su ruina".

Envió significa "mandó" o "soltó". *Palabra* en este versículo es en hebreo *dabár*, que significa "la palabra hablada". ¡La Palabra de Dios debe ser proferida sin restricciones cuando transporta el poder de sanar!

Jay Snell señala el conjunto de palabras de sanidad de Hechos 3 y 4. ¡Es como un racimo de uvas maduras! Cada una habla de un aspecto de la sanidad.

1. Ser afirmado

> Y tomándole por la mano derecha le levantó; y al momento se le afirmaron los pies y tobillos.
> —HECHOS 3:7

La palabra *afirmar* es *stereóo*. Nuestra palabra *esteroide* viene de ella. Hay atletas que han tomado esteroides para tener fortaleza. ¡La cortisona es un esteroide! ¡Dios lo sana dándole un poco de esteroides espirituales!

95

2. Ser sanado

> Y teniendo asidos a Pedro y a Juan el cojo que había
> sido sanado, todo el pueblo, atónito, concurrió a ellos
> al pórtico que se llama de Salomón.
>
> —Hechos 3:11

La palabra *sanado* en este versículo es el término griego *iáomai*. Esta palabra se usa para sanidad física veintiocho veces en el Nuevo Testamento. Significa, literalmente, "hacer completo".

3. Estar completo

> Y por la fe en su nombre, a éste, que vosotros veis y
> conocéis, le ha confirmado su nombre; y la fe que es
> por él ha dado a éste esta completa sanidad en pre-
> sencia de todos vosotros.
>
> —Hechos 3:16

La palabra griega aquí es *joloklaros*.[1] Literalmente significa "herencia completa". Vaya a 1 Tesalonicenses 5:23:

> Y el mismo Dios de paz os santifique por completo;
> y todo vuestro ser, espíritu, alma y cuerpo, sea guar-
> dado irreprensible para la venida de nuestro Señor
> Jesucristo.[2]

La misma palabra es utilizada en el pasaje que se encuentra más arriba. Su herencia incluye "todo el cuerpo".

4. Ser salvado

> Puesto que hoy se nos interroga acerca del beneficio hecho a un hombre enfermo, de qué manera éste haya sido sanado.
>
> —Hechos 4:9

"Sanado" en este versículo es la palabra griega *sozo*, que es "salvación." Sí, ¡la sanidad es parte de su salvación!

5. Ser limpiado

> Sea notorio a todos vosotros, y a todo el pueblo de Israel, que en el nombre de Jesucristo de Nazaret, a quien vosotros crucificasteis y a quien Dios resucitó de los muertos, por él este hombre está en vuestra presencia sano.
>
> —Hechos 4:10

"Sano" en este versículo viene de la palabra griega *juguiés*, que a su vez proviene de *jágios* o *santo*. Nuestra palabra *higiene* viene de esa palabra. Tiene que ver con limpiar de enfermedades, pero tenga en cuenta la implicación de la conexión de salud y santidad.

6. Recibir terapia

> Y viendo al hombre que había sido sanado, que estaba en pie con ellos, no podían decir nada en contra
>
> —Hechos 4:14

Aquí la palabra *sanado* es *dserapeúo*. Se le hizo terapia "instantánea" para que sus músculos fueran fortalecidos. Inmediatamente pudo saltar y brincar.

Este hombre cojo fue sanado en seis dimensiones:

1. Se le insuflaron esteroides del Espíritu Santo.
2. Fue sanado sobrenaturalmente.
3. Recibió su "herencia de completa sanidad".
4. Fue salvado de la enfermedad.
5. Fue limpiado.
6. Se le hizo terapia.

¡Aleluya! ¡Todo fue soltado por la Palabra de Dios! La Palabra responde:

+ Debilidad
+ Desesperanza
+ Infección
+ Recuperación

CAPÍTULO 18
La sanidad en los últimos días

E L PRINCIPAL GASTO en Estados Unidos es el del cuidado de la salud. ¡Las prestaciones para el cuidado de la salud ascienden en Norteamérica a un treinta por ciento de nuestro sueldo bruto!

La sanidad y la salud van de la mano. Si una persona experimenta sanidad, tendrá salud. La salud es el estilo de vida de quien experimenta diariamente el poder de la sangre de Jesucristo. Pero aún hoy, a pesar de todos los esfuerzos, enfrentamos enfermedades incurables: cáncer, VIH, plagas como el Ébola y la gripe aviar.

Las enfermedades incurables y los últimos días

La Biblia nos advierte sobre pestilencias, plagas y enfermedades incurables a medida que nos acerquemos a los tiempos finales. Jeremías, el profeta, habla de esos últimos tiempos.

> Porque así ha dicho Jehová: Incurable es tu quebrantamiento, y dolorosa tu llaga. No hay quien juzgue

tu causa para sanarte; no hay para ti medicamentos eficaces. Todos tus enamorados te olvidaron; no te buscan; porque como hiere un enemigo te herí, con azote de adversario cruel, a causa de la magnitud de tu maldad y de la multitud de tus pecados.

¿Por qué gritas a causa de tu quebrantamiento? Incurable es tu dolor, porque por la grandeza de tu iniquidad y por tus muchos pecados te he hecho esto.

—Jeremías 30:12-15

Mire estas palabras:

+ Incurable
+ Dolorosa
+ No hay medicamentos
+ Dolor incurable

¿Por qué? Estas cosas han venido sobre nosotros por causa de la iniquidad de una sociedad perversa. Dios dice por medio de Jeremías que:

Por la grandeza de tu iniquidad y por tus muchos pecados te he hecho esto.

—Jeremías 3:15

La palabra *iniquidad* significa tomar cosas buenas y torcerlas hasta transformarlas en cosas malas. Nuestra sociedad y mundo torcidos, las cosas que ha hecho el hombre desde la caída de Adán nos han traído a este día.

No se calmará el ardor de la ira de Jehová, hasta que haya hecho y cumplido los pensamientos de su corazón; en el fin de los días entenderéis esto.
—JEREMÍAS 30:24

Este versículo declara que "en el fin de los días entenderéis esto". Así que miramos a nuestro alrededor y todos estamos preocupados por enfermedades incurables.

Esperanza de sanidad para los Últimos Días

Como creyentes del pacto, que han sido redimidos de la maldición del pecado y de la muerte, podemos tener esperanza de que en estos últimos días Dios no nos enviará "ninguna enfermedad de las que envié a los egipcios" (Éxodo 15:26). Podemos tener una esperanza real, batallando con las enfermedades terminales o incurables en manos de Dios.

Pero serán consumidos todos los que te consumen; y todos tus adversarios, todos irán en cautiverio; hollados serán los que te hollaron, y a todos los que hicieron presa de ti daré en presa.
—JEREMÍAS 30:16

No se equivoque; estamos envueltos en una batalla espiritual, y nuestra salud se relaciona con nuestra condición espiritual. Por esto es importante que crezcamos en fe en el poder de Dios para salvarnos, liberarnos y sanarnos.

Perdonar a nuestros enemigos: una clave para la sanidad milagrosa en los Últimos Días

La falta de perdón es un obstáculo frecuentemente pasado por alto para ser sanado de enfermedades recurrentes o incluso graves. La comunidad médica ha documentado los efectos nocivos que la falta de perdón puede tener en nuestro cuerpo físico y la forma en que puede impedir la sanidad. La falta de perdón da lugar a muchas emociones peligrosas, tales como la amargura, el resentimiento y la ira. La Biblia dice que cuando confesemos nuestros pecados (la falta de perdón es un pecado: Dios dice que Él no nos perdonará si no perdonamos a los otros, (Mateo 6:14-15)), seremos sanados (Santiago 5:16). Obramos en contra del proceso de sanidad cuando nos aferramos a heridas u ofensas.

Una historia de la vida de Ronald Reagan ilustra cómo perdonar a la persona que nos daño puede conducir a la sanidad milagrosa. Después del atentado de 1982 contra la vida de Reagan, su respuesta dejó una impresión duradera en su hija, Patti Davis:

> Al día siguiente, mi padre me dijo que sabía que su curación física dependía directamente de su capacidad de perdonar a John Hinckley. Por enseñarme que el perdón es la clave de todo, incluyendo la salud

física y la sanidad, me dio un ejemplo de pensar como Cristo.[1]

Aprovechar el sobrenatural poder sanador de Dios en los Últimos Días

Heidi y Roland Baker concentran sus ministerios en Mozambique. Sirven en medio de una población musulmana que ha sufrido sequías, guerra y enfermedad durante generaciones. Los Baker son agentes de poder que saben que el poder de la cruz los condena a la victoria y caminan confiando en el Señor. Han visto ojos de ciegos que fueron abiertos, sordos que de repente oyen, y muertos levantados a la vida como sucesos rutinarios en su ministerio, y por medio de ese ministerio entrenan pastores por todo el mundo.

Ellos también han descubierto que el secreto para liberar el poder divino es vivir en la presencia de Dios mediante el ayuno y la oración. Han pasado incontables horas empapándose en el amor de Dios e intercediendo por aquellos a quienes ministran. Su intimidad con Dios genera confianza para permanecer en su presencia y verlo tan grande como es. Viven en una zona en la que hay una visible evidencia de control demoníaco: guerra, enfermedad, hambre y corrupción. Pero su morada interna es un lugar de *refugio, una fortaleza, un lugar secreto de adoración y comunión.* Desde ese lugar se embarcan en su misión de exaltar al Señor en el mundo de los hombres.

El precio del poder

Si el poder de la cruz nos condena a la victoria, como dice Cooke, debemos llegar a ser creyentes con un apasionado deseo de ganar. Sin importar a dónde estas personas lleven la presencia y el poder de Dios, todas tienen algo en común: el conocimiento directo de que hay un precio a pagar por la unción de sanar a los enfermos, levantar a los muertos y hacer milagros. Un apasionado deseo de ganar supera la tentación de sucumbir al desánimo y suaviza el dolor que supone compartir el sufrimiento de Cristo y que viene al convertirse en un agente de poder del reino de Dios. Un apasionado amor por Jesús y el conocimiento de su amor apasionado respalda a los que están pagando el precio del poder.

De acuerdo con Randy Clark:

> Si usted se va a preparar para que aumente su poder, debe entender que caminar en el poder del Espíritu Santo implica sufrimiento y un continuo proceso de humildad. No todas las personas por las que usted ore serán sanadas. Le dolerá el corazón por quienes están desesperados por recibir un toque de Dios y no obtienen el milagro que buscan.

> Una noche observé a John Wimber cuando oraba por la gente que se juntaba en la iglesia metodista. Milagrosamente, casi todo el mundo fue sanado cuando oró por ellos. El poder de Dios estaba

definitivamente presente para sanar. La noche siguiente, sin embargo, nadie fue sanado.

Hablé con John sobre esto después que terminó la desastrosa reunión y le dije: "No lo entiendo".

Él me respondió: "¿No lo entiendes, verdad? No tengo más pecado en mí del que tenía anoche. No tengo menos fe que la que tenía anoche. Anoche vine aquí, puse mi mano y dije: 'Ven, Espíritu Santo'. Solo bendije lo que vi que Dios estaba haciendo. Anoche, cuando todos fueron sanados no me fui a la cama pensando que yo había hecho algo maravilloso ni que era un gran hombre de Dios. Y esta noche no voy a sentir que soy un fracaso tampoco. No fui yo ninguna de las dos veces. Y mañana me voy a volver a levantar y lo volveré a hacer todo otra vez".[2]

Mas yo haré venir sanidad para ti, y sanaré tus heridas, dice Jehová; porque desechada te llamaron, diciendo: Esta es Sion, de la que nadie se acuerda.

—*Jeremías 30:17*

No se trata meramente de la idea de "Pídelo y recíbelo". Esto tiene que ver con la fe puesta en la herencia que le ha dado su Padre celestial.

Volver al Pueblo de Dios

Así ha dicho Jehová: He aquí yo hago volver los cautivos de las tiendas de Jacob, y de sus tiendas tendré misericordia, y la ciudad será edificada sobre su colina, y el templo será asentado según su forma.

Y saldrá de ellos acción de gracias, y voz de nación que está en regocijo, y los multiplicaré, y no serán disminuidos; los multiplicaré, y no serán menoscabados.

Y serán sus hijos como antes, y su congregación delante de mí será confirmada; y castigaré a todos sus opresores.

—JEREMÍAS 30:18-20

¿Qué instrucciones nos dan estos versículos?
Ir a casa, no más andar errante.
Morar en un lugar de misericordia.
Vivir en acción de gracias y alegría.
Esperar aumentar la fe.
Ser parte del establecimiento de una
congregación de gracia.

Acérquese a Dios

En estos últimos días, es necesario caminar en el tipo de confianza y humildad que John Wimber ejemplificó. Debemos saber que somos el pueblo de Dios y Él es nuestro Dios, para que cuando vayamos a orar por la gente para que sea sanada—o incluso cuando nos afirmemos en la fe por nuestra propia sanidad—, podamos estar seguros de que Dios es el que hace la obra. Todo lo que podemos hacer es acercarnos a Él, confiando en que Él cumplirá su palabra.

"De ella saldrá su príncipe, y de en medio de ella saldrá su señoreador; y le haré llegar cerca, y él se

acercará a mí; porque ¿quién es aquel que se atreve a
acercarse a mí? dice Jehová. Y me seréis por pueblo,
y yo seré vuestro Dios."

—JEREMÍAS 30:21-22

Aquí tiene cuatro secretos para lograr o mantener
bíblicamente la salud, incluso en estos últimos días. Estos
secretos también lo investirán de poder para orar por otros
que necesitan recibir la bendición de la salud bíblica.

1. Tener una fe apasionada

Fíate de Jehová de todo tu corazón, y no te apoyes en
tu propia prudencia.

—PROVERBIOS 3:5

Esto puede parecer una simplificación excesiva, pero no
somos llamados a confiar solamente un poquito en Dios.
En el capítulo tres hablamos de que le dé a Dios sus oídos;
la idea aquí es la misma. Debemos poner en Dios nuestra
completa confianza.

2. Tener un camino determinado

Reconócelo en todos tus caminos, y él enderezará
tus veredas.

—PROVERBIOS 3:6

Una vez que ha puesto toda su confianza en Dios, usted
debe estar consciente de que Él guiará su camino. Pero la

guía de Dios no es suficiente; Él le mostrará por dónde ir, ¡pero usted debe elegir hacerlo!

3. Tener una vida devota

> No seas sabio en tu propia opinión; teme a Jehová, y apártate del mal.
>
> —PROVERBIOS 3:7

Parte de la vida cristiana es dejar atrás conscientemente los pecados del pasado. La idea es, de alguna manera, la inversa de la enseñanza del Salmo 1:1: Allí vemos que hay una progresión en el andar en el consejo de malos, lo que lleva a estar en el camino de pecadores, que culmina al sentarse en la silla de escarnecedores. Apartarse del diablo es simplemente seguir el camino que Dios ha iluminado para usted.

4. Tener una vida generosa

> Honra a Jehová con tus bienes,
> Y con las primicias de todos tus frutos;
> Y serán llenos tus graneros con abundancia,
> Y tus lagares rebosarán de mosto.
>
> —PROVERBIOS 3:9-10

Como siervo de Cristo, usted es un embajador en una tierra extraña. La mayoría de los embajadores y diplomáticos extranjeros son conocidos, especialmente en las películas, por sacar ventaja de la inmunidad diplomática, una política según la cual se les otorga un pase libre y no se les puede entablar juicio ni perseguir bajo las leyes del país anfitrión, y no se les exige entregar ningún artículo que sea propiedad de su nación de origen. Como embajadores de Cristo, no tenemos que renunciar a nuestra herencia saludable por lo que el mundo esté sufriendo. Estamos protegidos y tenemos salvoconducto para todas las enfermedades y dolencias. ¡No estamos bajo las mismas leyes que los que no forman parte del reino de Dios y en Él, podemos sacar el máximo provecho de la inmunidad diplomática de nuestro reino! Este es el deseo de Dios para nosotros.

> He aquí que yo les traeré sanidad y medicina; y los curaré, y les revelaré abundancia de paz y de verdad. Y haré volver los cautivos de Judá y los cautivos de Israel, y los restableceré como al principio. Y los limpiaré de toda su maldad con que pecaron contra mí; y perdonaré todos sus pecados con que contra mí pecaron, y con que contra mí se rebelaron. Y me será a mí por nombre de gozo, de alabanza y de gloria, entre todas las naciones de la tierra, que habrán oído todo el bien que yo les hago; y temerán y temblarán de todo el bien y de toda la paz que yo les haré. Así ha dicho Jehová: En este lugar, del cual decís que está desierto sin hombres y sin animales, en las ciudades de Judá y en las calles de Jerusalén, que están asoladas, sin hombre y sin morador y sin animal.
>
> —*Jeremías 33:6-10*

Fíjese que Dios promete en estos versículos:

- Sanidad
- Revelación
- Liberación
- Limpieza
- Prosperidad

El resultado final es la salud, la fortaleza y la larga vida.

Porque será medicina a tu cuerpo, Y refrigerio para tus huesos.

—PROVERBIOS 3:8

Porque por mí se aumentarán tus días, y años de vida se te añadirán.

—PROVERBIOS 9:11

Algunas verdades sobre la sanidad

A muchos, quizás, les sorprenda aprender que la Biblia no considera la sanidad como un milagro a menos que se trate de algo incurable.

…a otro, fe por el mismo Espíritu; y a otro, dones de sanidades por el mismo Espíritu. A otro, el hacer milagros; a otro, profecía; a otro, discernimiento de espíritus; a otro, diversos géneros de lenguas; y a otro, interpretación de lenguas.

—1 CORINTIOS 12:9-10

Además, la Biblia no hace distinción alguna entre la sanidad por medio de la medicina o por medio de un ministerio.

> En aquellos lugares había propiedades del hombre principal de la isla, llamado Publio, quien nos recibió y hospedó solícitamente tres días. Y aconteció que el padre de Publio estaba en cama, enfermo de fiebre y de disentería; y entró Pablo a verle, y después de haber orado, le impuso las manos, y le sanó. Hecho esto, también los otros que en la isla tenían enfermedades, venían, y eran sanados.
>
> —HECHOS 28:7-9

En este relato, tanto Pablo como Lucas, el médico, estaban presentes y ambos sanaron. La palabra griega para "eran sanados" es la palabra *therapeuō* (la raíz de nuestra palabra "terapia") e indica que hubo una sanidad tanto médica como milagrosa en Malta.

También es una dura verdad que la enfermedad no siempre es curada, e incluso si lo es, no siempre sucede según nuestra propia agenda. Preste atención a lo que Pablo le escribió a Timoteo:

> Erasto se quedó en Corinto, y a Trófimo dejé en Mileto enfermo.
>
> —2 TIMOTEO 4:20

El hecho es que tanto la enfermedad como la dificultad sean para la gloria de Dios.

> Estaba entonces enfermo uno llamado Lázaro, de Betania, la aldea de María y de Marta su hermana. (María, cuyo hermano Lázaro estaba enfermo, fue la que ungió al Señor con perfume, y le enjugó los pies con sus cabellos). Enviaron, pues, las hermanas para decir a Jesús: Señor, he aquí el que amas está enfermo. Oyéndolo Jesús, dijo: Esta enfermedad no es para muerte, sino para la gloria de Dios, para que el Hijo de Dios sea glorificado por ella. Y amaba Jesús a Marta, a su hermana y a Lázaro. Cuando oyó, pues, que estaba enfermo, se quedó dos días más en el lugar donde estaba.
>
> —JUAN 11:1-6

En conclusión, es muy importante poder entender cuatro aspectos sobre la salud y la sanidad:

1. La salud es un estilo de vida.

2. Los asuntos incurables requieren una irrupción de otra dimensión: la eternidad debe interrumpir el tiempo.

3. Las cuestiones de la sanidad y los dones de sanidad están ligados a la Iglesia. Los dones operan por los que están conectados con el Cuerpo: la Iglesia.

4. Los milagros están ligados a la gloria de
   Dios. La gloria de Dios descansa en la Iglesia.

La caída de Adán le permitió a Satanás robar a la tierra su sanidad, envenenar la atmósfera ¡y soltar plagas mortales! Pero Jesucristo nos redimió de todas estas cosas que fueron robadas, incluida la salud bíblica.

> Y a Aquel que es poderoso para hacer todas las cosas mucho más abundantemente de lo que pedimos o entendemos, según el poder que actúa en nosotros, a él sea gloria en la iglesia en Cristo Jesús por todas las edades, por los siglos de los siglos. Amén.
> —Efesios 3:20-21

CAPÍTULO 19

¿Quiere usted ser sanado?

En Juan 5:6, Jesús le preguntó al paralítico que había estado esperando ser sanado por más de tres décadas: "¿Quieres ser sano?"

Antes de terminar, miremos más de cerca a este hombre y su situación.

No tengo a nadie

Por un lapso de treinta y ocho años él no había conocido más que enfermedad y padecimiento. Su única esperanza era la provisión hecha por Dios en el estanque de Betesda. (o *Bedsesdá*, que significa "casa de misericordia"). Era un estanque conocido por los milagros que Dios hacía allí). Él se acostaba allí todos los días esperando que las aguas se movieran milagrosamente por la visitación de un ángel; cuando las aguas se agitaban, el primero en entrar al agua era sanado de su padecimiento.

Él yacía allí entre la multitud de enfermos, ciegos, cojos y paralíticos con la esperanza de que hoy fuera el día en que sucedería el milagro de liberación y sanidad. Su parálisis, sin embargo, hacia que su posibilidad de llegar a las aguas antes que los demás fuera virtualmente ninguna.

Durante treinta y ocho años este hombre tuvo el estilo de vida de un enfermo, esperando que un ángel agitara las aguas. Jesús confrontó al hombre con esta pregunta directa, ¡casi ofensiva! Luego Jesús soltó sanidad sobre el hombre, y este caminó.

Debo concluir este libro con la misma pregunta. Usted ¿quiere ser sano? Si es así, ¿está dispuesto a hacer lo que Jesús le pida? ¿Qué sucedería si tuviera que cambiar de iglesia? ¿Dañaría eso su sentido de tradición o su comodidad? ¿Qué sucedería si fuera ungido con saliva o barro? ¿Estaría dispuesto a verse como un tonto ante los ojos de los hombres? ¿Qué pasaría si tuviera que poner al descubierto sus debilidades? ¿Se comprobaría que el orgullo es su dios? ¿Qué sucedería si usted tuviera que llorar y rogar? ¿Qué pasaría si tuviera andar con gente rara, que tiene fe?

Usted debe entender que mientras yace, impotente, atado al padecimiento, junto al estanque ¡tiene *un hombre que lo puede ayudar!* ¡Su nombre es Jesús!

Cuando usted estudia los versículos de las Escrituras, la clave para la sanidad es la presencia de Jesús. Usted debe creer en la Palabra, vivir en la presencia de Jesús, unirse a una verdadera comunidad de fe, y aceptar todos los dones de Dios. Su sanidad llegará.

Oye los pasos de Jesús,
Ahora está pasando,

Trae un bálsamo para los heridos,
Sana a todos los que se lo aplican;
Como le dijo al sufriente
Que yacía junto a la piscina,
Él pregunta en este momento:
"¿Quieres ser sano?"

NOTAS

Capítulo 1
La sanidad y la vida abundante

1. The Robe (El manto sagrado), dirigido por Henry Koster, (1953; Los Angeles: Twentieth Century Fox Home Entertainment, 2001), DVD.

2. "Healing At the Fountain" (Sanidad junto a la fuente), de Fanny Crosby. Public domain.

Capítulo 2
La sanidad y el misterio de la enfermedad

1. Rev. James R. Boyd, *The Westminster Shorter Catechism With Analysis, Scriptural Proofs, Explanatory and Practical Influences, and Illustrative Anecdotes* (Philadelphia: Presbyterian Board of Education, 1857).

2. "Jesus Keep Me Near the Cross" (Jesús, manténme cerca de la cruz), de Franny Crosby. Public domain.

Capítulo 4
Jesús el sanador

1. Benjamin Breckinridge Warfield, *Counterfeit Miracles.* Public domain.

Capítulo 5
Jesús sanó por la Palabra

1. "The Word of God Shall Stand" (La Palabra de Dios permanecerá) by Frank C. Huston. Public domain.

Capítulo 10
Jesús sanó mediante la liberación

1.   James Marler, "A Demonic Encounter: The Day I Knew Demons Were Real," *Reflections on the Spirit* (Cleveland, TN: Alicorn Publishing, 2002).

Capítulo 17
Seis dimensiones de la sanidad

1.   Blue Letter Bible, Strong, número 3647, s.v. "soundness" ("sanidad" en RV60), en http://www.blueletterbible.org/lang/lexicon/lexicon.cfm?Strongs=G3647&t=KJV (Consultado en línea el 22 de noviembre de 2011.)

2.   Blue Letter Bible, Strong, número 3748, s.v. "whole," "entire," ("todo" en RV60); en http://www.blueletterbible.org/lang/lexicon/lexicon.cfm?strongs=G3648&t=KJV (Consultado en línea el 20 de septiembre de 2011).

Capítulo 18
La sanidad en los Últimos Días

1.   Patti Davis, "To Illustrate Forgiveness: Angels Don't Die," *Leadership Magazine*, 1997: 70.

2.   Citado por Randy Clark en *Shifting Shadows of Supernatural Power* (Shippensburg, PA: Destiny Image Publishers, 2006).

Otros títulos del pastor Ron Phillips

Nuestros aliados invisibles
978-1-61638-064-9

Una guía esencial para la guerra espiritual y los demonios
978-1-61638-079-3

Una guía esencial para el bautismo en el Espíritu Santo
978-1-61638-308-4

Una guía esencial para hablar en otras lenguas
978-1-61638-309-1

Una guía esencial para el don de sanidad
978-1-61638-533-0

Una guía esencial para los dones del espíritu
978-1-61638-534-7